本书获2016年贵州省出版传媒事

贵州省科普丛书
贵州省科协科普作品专项经费资助

U0611785

青少年科普

QINGSHAONIAN KEPU

WANGLUO XINXI PIAN

孟豫筑◎主编

贵州科技出版社
·贵阳·

图书在版编目（CIP）数据

青少年科普.网络信息篇/孟豫筑主编.--贵阳：
贵州科技出版社, 2016.10（2020.6重印）
ISBN 978-7-5532-0525-0

Ⅰ.①青… Ⅱ.①孟… Ⅲ.①计算机网络—网络安全
—青少年读物 Ⅳ.①Z228.2②TP393.08-49

中国版本图书馆CIP数据核字（2016）第224664号

出版发行	贵州科技出版社
地　　址	贵阳市中天会展城会展东路A座（邮政编码：550081）
网　　址	http://www.gzstph.com　http://www.gzkj.com.cn
出 版 人	熊兴平
经　　销	全国各地新华书店
印　　刷	天津行知印刷有限公司
版　　次	2016年10月第1版
印　　次	2020年6月第4次
字　　数	180千字
印　　张	7
开　　本	889mm×1194mm 1/32
书　　号	ISBN 978-7-5532-0525-0
定　　价	28.00元

天猫旗舰店：http://gzkjcbs.tmall.com

前 言

FOREWORD

　　青少年是家庭的希望，是民族的希望，更是祖国的未来。青少年的安全和健康，关系到每一个家庭的幸福和未来，也关系到整个社会的和谐与发展，切实保障每一位青少年的安全，责任重大，意义重大。

　　现代社会，各种意外伤害及自然灾害时有发生，不断影响和威胁着青少年的正常生活。青少年的自我保护意识不强、防范能力较差，往往成为各种直接或间接伤害的受害者。惨痛的悲剧让我们深刻意识到：对青少年进行系统的安全知识教育，教给青少年自护、自救的安全知识是十分有必要的。仅仅依靠学校、家庭、社会对青少年进行保护是远远不够的，更重要的是要教会青少年怎样正确地面对纷繁复杂的现代社会，树立自护、自救观念，形成自护、自救意识，培养自护、自救能力，让青少年能够在遇到各种异常事故和危险时果断正确地进行自护和自救。

　　近五年来，国内中小学生、幼儿受到的伤害事故和非正常死亡人数逐年下降，连续10年没有发生特重大群死群伤安全事故。2015年，中小学生及幼儿非正常死亡人数较2014年下降了7.88％，较2011年下降了33.94％，各级政府、部门，特别是教育行政部门和学校都做出了巨大的努力。

　　各地教育行政部门和学校要更加重视中小学安全教育工作，

把安全作为最根本的底线，把培养学生的安全素养作为基础教育的重要任务。要更新工作理念，实现学生安全工作从管理向治理转变，推动把学生安全工作纳入社会治理，纳入城乡基层治理，充分发挥各方作用，努力实现系统治理、源头治理、综合治理的目标。

为了更好地帮助青少年学生有效地应对各种不安全因素，向大家普及有关交通出行、消防火灾、居家生活、野外出行、健康饮食、自然灾害、网络信息、校园生活的科普知识，学习安全事故出现时的应急、自救方法等，我们经过精心策划，组织相关专业人员编写了这套丛书。

丛书内容翔实，趣味性强，实用性强，可操作性强，包含了近些年发生的危险事件及自然灾害案例，以帮助广大青少年在危险及灾害来临时能够从容自救和互救。丛书旨在告诉青少年朋友，只要能够充分认识各种危险以及自然界的各种灾害的特点、形成的原因以及主要危害，学习一些危险及灾害应急预防措施，就能够在危险及灾害来临时从容应对，成功逃生和避险。

本丛书向广大青少年提供了系统的安全避险、防灾减灾的知识，可供广大青少年阅读和参考。希望青少年平时能够多阅读一些安全避险与自救的图书，以期危险及灾害出现时能及时发现险情，找到逃生之路，更好地保护和拯救自己，帮助他人。

少年强则中国强。我们衷心希望这套丛书，能够带给青少年朋友安全的实用指南、平安快乐的生活、美好幸福的未来！

由于丛书编写时间仓促，加上编者水平有限，疏漏及不当之处在所难免，欢迎读者朋友提出宝贵意见。

裴　华　蒋红涛

2016年8月

C目　录
ONTENTS

第三章　别让网瘾伤害你

第四章　揭开网络世界的骗局

第五章　与网络犯罪说"不"

第六章 时刻警惕网络性侵犯

第七章 防范病毒和黑客的入侵

第八章　打造青少年绿色网络生活

第一章　认识网络安全

 一、网络是怎样产生的

　　一根电话线或者光导纤维（光纤），将世界各地的城市、乡村连接起来，人与人之间可以相互问候，全世界成为一个"地球村"和"大家庭"。"给我一台计算机，给我一根网线，我就拥有一个五彩缤纷、其乐无穷的世界"，这就是网络。

世界就是一个网络

1. 网络的定义

　　什么是网络？网络是一群通过一定形式连接起来的计算机。网络是一种彼此通信的介质，网络是一种无形的，可以让人通过它获得信息、方便快捷交流的平台。一个网络可以由两台计算机组成，也可以是一种小区域内的网络，通常称为局域网，还可以

是一个国家、一个洲，甚至全世界的广域网。

国际互联网也叫网际网，或因特网，是目前最大的广域网。互联网的出现，使计算机网络从局部扩展到全国，乃至全世界。

如果说19世纪是铁路的时代，20世纪是高速公路的时代，那么21世纪则是信息的时代。上网是21世纪最"酷"的事，互联网给人们的生活带来了极大的便利。即时通信、电子邮件、远程教育、远程医疗、电子商务、在线学习、网上购物、网上社交等，使人们充分享受到网络带来的无穷乐趣，体验到高科技的魅力，我们没有理由不去认识Internet。

Internet在字面上讲就是国际互联网的意思。通俗地说，它是指成千上万台计算机相互连接在一起并相互通信与资源共享的集合体。Internet是世界最大的计算机网络通信系统。它连接了全球不计其数的网络与计算机，也是世界上最为开放的信息系统。至今，Internet仍在迅猛发展着，并于

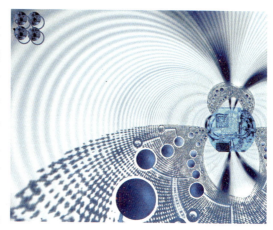

Internet网络是沟通世界的通道

发展中不断更新并被重新定义。

Internet是一个相当复杂的巨型网络系统，该系统拥有数以亿计的数据库，提供的信息包括文字、图像、声音等数据，信息属性有软件、图书、报纸、杂志和档案等，门类涉及政治、

经济、科学、教育、法律、军事、体育和医学等各个领域。Internet是无数信息资源的集合，是一个无极网络，人人都可以通过Internet来交换信息和共享信息资源。

2. Internet的由来

Internet产生于1969年，开始是为军事日的建立的，后来学术研究机构加入了这个系统。20世纪90年代，随着计算机的普及和信息技术的发展，Internet迅速商业化，并以其独有的魅力和爆炸式的传播速度成为当今世界的热点。Internet的原型是ARPAnet，它由美国军方出资建立，于1969年投入运行。这个网络

网络给世界带来了巨大的财富

把位于美国洛杉矶的加利福尼亚大学分校、位于圣巴巴拉的加利福尼亚大学、斯坦福大学和位于盐湖城的犹他州立大学的计算机连接起来。到了1972年，ARPAnet上的网点数已达40个。1974年，美国国防部研究制定了TCP/IP协议，并向全世界免费提供此项通信技术。这一技术的公开，成就了Internet的大发展。1983年，ARPAnet被分为两部分，一部分形成了军事网之间的链路；另一部分则把校园网连接起来。后来，校园网这一部分受美国国家科学基金会的管理，被称为NSFnet。NSFnet对Internet的最大贡献是使Internet向全社会开放，不像以前那样仅供计算机研究人员和政府机构使用，它使得Internet进入一个快速发展阶段。

Internet在中国发展时间虽然不长，但却保持着惊人的发展速度。1994年4月20日，NCFC（中国国家计算机与网络设施工程）通过美国Sprint公司连入Internet的64K国际专线开通，实现了与Internet的全功能连接，从此中国被国际上正式承认为真正拥有全功能Internet的国家。目前本地化、中文化已成为业界追求的目标，中文网站不断涌现，各地网络服务商正建立并提供越来越便利的快速接入Internet的服务，以期为中文用户提供更多的网上信息资源。Internet将会成为电视、电话等之后又一项给人们生活方式带来巨大变化的科技产物。

二、互联网有哪些特征

互联网作为一种计算机交互技术，是人类迈向地球村坚实的一步，具有全球性、海量性、匿名性、虚拟性等特征。

互联网作为全球化时代的标志性事物，不仅改变着人类对于信息的传播和处理模式，而且也正在构建新的人际交流方式。用户通过互联网这种即时互动的通信技术在虚拟的网络上进行多方位地交流。这种交流既有以单纯通信为目的的电子邮件以及相关的新闻组和邮件组等；也有结成相对固定的成员、分享信息、观点和服务的"虚拟社区"，如电子公告板或论坛、博客，以及大家共同维护和撰写的维基百科等；还有QQ、微信等双向聊天工具。

走进学校图书馆和学校电脑室，玩游戏和上网聊QQ的人数达到总上网人数的80%以上，10%以上的人在看电影、电视剧，由此可见网络交往在学生中占较大比重。的确，网络有诸多优点，如网络交往主体自由而平等，内容丰富而生动，方式快捷而方便，角色虚拟而间接……这些对于学生有着极大诱惑力，变得不可或缺。

网络科技日新月异

网络社会是人类给自己创造的另一个社会，是人类给自己设计的一个巨大挑战。它对真实世界进行重塑，在改变世界的同时，也改变了人类的思维、工作和生活方式。

2006年12月26日，中国南海海域（台湾地区宜兰外海）连续发生强烈地震，造成亚洲到美洲、欧洲等方向的通信线路中断，韩元交易接近瘫痪，香港部分银行外汇交易不能在网络上进行，东南亚地区商业交易陷入混乱，MSN断线让中国许多中小企业外贸交易蒙受了巨大损失。

2008年初，美国网络流量统计公司Alexa再次采取数据清零和调整算法的手段，大幅度削减中国网站流量数据，全球排名前1000名的中国网站，有1/3被完全清空或大幅降低排名，中国网站遭受巨大信誉和经济损失。

2010年初，谷歌宣布退出中国大陆，让谷歌中国产业链上涉及的数万名工作人员失业，许多广告代理公司也因此遭受巨大的损失。

断网事故、不正当竞争手段，就会造成如此巨大的灾难。

 ### 三、为什么说互联网是"第四媒体"

加拿大著名的传播学家赫伯特·麦克卢汉在《理解媒介》一书中指出，媒介对人的感知有强烈的影响，不同的媒介对不同的感官起作用，比如书面媒介影响视觉，使人的感知成线状结构；视觉媒介影响触觉，使人的感知成三维结构。同时，他也提出，一切媒介都是人体个别器官的延伸，所以电子时代的人再不是残缺不全的人。

网络极大地丰富了人们的感官

网络是近年来兴起的媒体，相对于传统的报刊、广播、电视媒体，网络被称为"第四媒体"，互联网兴起后，在许多领域深深地影响着人们的生活，给人们提供巨大的方便。

土豆网的创始人王微表示："网络实际上是现实生活的一种反映。在现实生活中，人们去歌厅、去酒吧、和朋友聚会以及外出购物。在网络上，他们也可做同样的事。"

很多中国互联网公司都在提供在线游戏、购物、博客以及公告栏等服务。娱乐在向网络转移，越来越多的年轻人远离了传统媒体。

娱乐就是人类在快乐中学会某种本领的活动，娱乐也是人们学习工作之余的一种生活方式，人类活动的其中一个目标也是娱乐，自人出生的第一天开始，都在进行着娱乐。

从人类诞生到现在，随着科学技术的发展，娱乐方式也处在不断的发展之中，从以前简单的活动到现在的复杂游戏，从以前的体力娱乐到现在的脑力娱乐，娱乐方式变得多种多样。现在，就让我们一起回顾我国人民娱乐方式的变化，包括从传统的娱乐到现在的网络游戏。

对于"00后"来说，从电视"红白机"开始的游戏机到如今的手机游戏（手游），电子科技硬件进步的最直接体现，就是休闲游戏终端的变化。而随着网络P2P点对点网络方式、数字音频视频捕捉技术的发展，我国有超过2亿的互联网用户，使得硬件平台上的"数字舞者"数量激增。

《中国互联网调查报告》指出，2007年中国互联网用户数占中国人口总数的13.8%，数量超过2亿，仅次于美国。同时，P2P点对点网络方式也在近几年渐趋成熟。

P2P点对点网络方式，是把每一台电脑都作为服务器，接受服务者在下载信息的同时，又把自己储存的内容提供给别的下载者。

与此同时，"网络电视"也从概念走向成熟，视频分享、电视节目、电影点播等内容的平台见诸网络。谷歌花费16.5亿美元收购了YouTube网站后，一年之内，国内的网络视频网站数量也激增至目前的200多家。YouTube网站创始人之一的陈士骏表示："人人都渴望成为明星，人人都渴望交流、分享和获得反馈。新媒体的出现可以让人们学到新知识、发表个人观点、与志趣相投的人分享经验。"

网络电视直播

互联网让每个人都成为信息的发布者，而且随着技术的更新，语音、视频、博客、播客（视频分享）成为点对点模式和网络电视的主力内容。除了网络电视提供的实时视频直播、长视频点播两种模式外，"短视频"也备受青睐，超过2亿的互联网用户，只要借助数码摄像机、手机等个人产品，都可以成为视频内容的制作者与发布者。

四、互联网有什么重要影响

简单地说，互联网就是一个由各种不同类型和规模的、独立运行和管理的计算机网络所组成的世界范围内的巨大计算机网络——全球性计算机网络。然而，只用计算机网络来描述互联网是不恰当的。原因在于，计算机网络仅仅是传输信息的媒介，而互联网的精华是它能够为你提供有价值的信息和令人满意的服务。

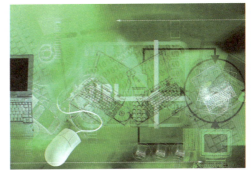

互联网既然是全球性的，那就意味着不可能存在某一个国家或者某一个利益集团通过某种技术手段来控制互联网。互联网是一个面向公众的社会性组织。世界各

网络的互动性很强

地数以亿计的人可以利用互联网互通信息，交流思想，又可以获得各个方面的知识、经验和信息。

互联网可以说是人类社会有史以来第一个世界性的图书馆和第一个全球性论坛。任何人，无论你来自何方，无论你在任何时候，你都可以参加，互联网永远不会关闭。而且，无论你是谁，你永远是受欢迎的。你不会由于不同的肤色、不同的宗教信仰而被排挤在外。在互联网上，人们不分国籍、种族、性别、年龄、贫富，互相传送经验与知识，发表意见和见解。在当今的世界里，互联网是唯一一个没有国界、没有歧视、没有政治的生活圈。

互联网发展至今，已有越来越多的人加入到互联网中、越来越多地使用了互联网，也会不断地从社会、文化的角度对互联网的意义、价值和本质提出新的理解。互联网的产生是人类历史发展中的一个伟大的里程碑，它正在对人类社会文明的发展起着越来越大的作用。

从2000年开始，中国互联网开始突飞猛进地发展起来。我们看到的，不仅是网民队伍越来越壮大，更有网络购物、网络传媒等新兴力量对传统行业敲响了警钟。"偷菜"、微博的热火朝天让人们放下现实生活的"面子"与"虚伪"，人际交往更加从容和自由。不可否认，互联网已经在虚拟的世界中构建出了一套完整的组织架构，对于一些行业或者人们的工作形态产生了颠覆性的影响。

如果有一天，你发现突然之间不能使用谷歌搜索，不能预订航班，发送电子邮件，从银行账户转账，在淘宝上买东西，以及不能做其他像呼吸一样自然的若干件事情，你会不会觉得焦头烂额，会不会猛然发觉，原来互联网已经在不知不觉之中悄然渗透进我们的生活，就像电和水一样，司空见惯，又不可或缺。

五、网上交往有哪些特性

随着电脑在我国的日渐普及，越来越多的青少年拥有了自己的电脑、手机。电脑、多媒体、互联网这些新名词开始成为青少年热衷的话题，很多人拥有了自己的上网账号、电子信箱甚至是个人网页。青少年在网络世界里享受自由，上网校、逛商场、交朋友、购物，变幻的网络世界让很多人都充满好奇心，流连忘返。特别是在网上，我们可以交到各式各样的朋友。网上联络也更为方便快捷，如发E-mail、微信和QQ聊天等，而且网上联络似乎也比现实生活多了一层神秘感。可是大家真正了解网络吗？你可知精彩的世界中也会隐含着各种危险？现在我们就一起先了解一下青少年网上交往的一些特点。

1. 交往方式的间接性

现在，我们与人交流时往往通过发E-mail、微信和QQ聊天等方式。网络交往，以文字、图片为主要载体，与现实生活中的交往不同，是一种非直接性交往。现实生活中，我们与人交流不仅可以通过语言，还可以通过表情、身体姿势等来进行表达。这需要我们的及时反应，是不容多加修饰的。而在网上，通过文字、图片虽然同样可以描述形象、传情达意，但传达的是经过刻意加工的信息，描述的是精心包装过的形象，这些信息与形象往往具有很大的虚拟与虚假成分。而我们对这些信息很难辨别真假。香港小童群益会的调查表明，被调查青年中有七成以上通过互联网交朋友，其中48.6%的人承认在网上曾向朋友撒过谎，或者用另一身份结交朋友，而QQ（网上聊天）使用者在网上说谎的理由包括保护隐私、保护自己或美化自己去吸引朋友。

网络交流缺乏直接性

大家会发现在网上我们很容易结识到网友。特别是一些性格内向的人，在网上能迅速建立人际关系。这就是因为在网上交流缺乏直接性，使人们可以构思与加工自己的语言。只需面对屏幕，一些在现实中不善表达自己的人也可以变得口若悬河。但这些信息却未必真实，对于辨别力尚未发展完善的青少年来说，很容易掉入陷阱。

2. 交往角色的虚拟性

大家经常可以听到人们用"虚拟世界"来形容网络。虚拟也就是不符合或不一定符合事实的，或凭想象捏造的意思。角色虚拟化是网上交往的一大特点。在网上，我们可以给自己任意取一个网名，性别、年龄、身份也由自己而定，并且可以经常变换。这与现实生活很不一样，在现实交往中，我们的身份是直接、真实、稳定的。虽然角色虚拟可以使我们与网友处于相对平等、没有直接利害关系冲突的交往位置，从而有利于人际关系的建立，但它的匿名性、变换性、缺乏责任性又很难使我们与网友建立稳定的关系，而且经常生活于一个虚拟世界，也不利于我们的身心健康和人格发展。

3. 交往行为的直接性

交往方式的间接性和交往角色的虚拟性决定了交往行为的直接性特点。网上交往中，我们可以随便进入或退出一个网页，来去自由，行动方便。如果碰到不喜欢的对象或尴尬局面时我们可以即时退出，或者再用新的角色身份重新进入交往。我们在表达思想感情的时候，可以想说什么就说什么，不必像日常生活中那样吞吞吐吐、胆怯害羞，容易与对方达到较深层次的交流。在选择网友的时候，我们可通过QQ或网上征友的方式来直接选择交往的对象，还可以利用微信、E-mail等形式直接进行交往。而且利用微信、QQ、E-mail等网络形式能及时、方便、快捷地传递交往信息，这更加强化了网上交往行为的直接性。要注意，这与交往方式的间接性是不矛盾的。

网络财富同样受到法律保护

4. 交往关系的平等性

间接性、虚拟性、直接性的特点又决定了网上交往关系的平等性特点。在现实中，我们人际交往形成的关系很多，有父子关系、师生关系、朋友关系、同学关系、姐弟关系等。总的来说，分为长晚辈与平辈关系。而在网上，网民的交往角色是虚拟的，不存在长晚辈那样的关系，交往似乎变得更加平等。不仅如此，

网上交往的虚拟性还淡化了现实生活中交往圈子的局限，从而使得交往更加自由、平等。我们在网上可以碰见各式各样的人，不管认识不认识，也不管身份、地位、职业和年龄。处于虚拟的世界，大家都可以随意结识，畅所欲言。就如漫画中描述的那样，你的网友有可能就是你的父母、老师或同学。

六、青少年容易踏入的网络"雷区"

如今的互联网不再是单纯地用来查资料的，它利弊兼有。青少年不仅可以从中查阅资料，同时也可能看到一些危害身心健康的内容。对于这个问题，青少年应当主动预防，不仅不要光顾这些危险区域，更重要的是增强识别能力，做到取其精华，去其糟粕。

网络金钱陷阱很危险

1. 网站

网站的存在为人们在网上读书看报、游览异地风光、玩游戏、看电影、购物、开展研究以及发展业余爱好、安排假期等提供了很多方便。只要你能想到的，在网上就能查到。有些网站的确为青少年提供了学习便利，但是有些网站的内容是需要远离的。更令人难过的是，很多网站的内容连成年人都排斥，可想而知，如果青少年浏览之后，会产生什么样的不良影响。因此，如果有青少年不慎访问这样的网站，一定要有自我控制力，立即远离。

当然，掌握网络技术会受益无穷，但是千万不要在网络上留下自己的家庭住址或者是真实的电话、照片等。如果的确需要别人知道你的联系方式，可以发电子邮件。

2. 聊天室

在聊天室中，人人都可以和远在其他城市的亲朋好友进行实时会话，但这种会话的形式多用键盘打字。聊天室的类型因使用的服务不同而有所变化：有的聊天室采用开放式的对话，每个人的角色颇为平等；有些聊天室则由一位版主主持，引导参与者讨论话题；有些聊天室有负责维持秩序的管理人员，管理员可以把行为不当者"踢"出聊天室，但也只有在事发后才能做到这一点……无论是哪种聊天方式，管理员都无权干涉私聊区，但这样的弊端就是可能跟对自己造成危险的人聊天。

因为很多原因，大多数青少年并没有认识到聊天室可能是互联网上最危险的区域，因为根本不知道对方是哪里人，在聊天过程中，对方可能运用欺骗的形式来跟你建立某种关系，但是见面之后，可能会有不愉快的事发生。

聊天室有时被人用来欺骗和利用别人。特别是青少年聊天室，各种悲剧经常发生。很多人总是用一些活泼、有趣的名字来吸取青少年的注意力，以满足他们自己的私欲。

聊天室有时按主题组织发言讨论，所以，如果有主题让你感到不舒服，一定要马上撤离。但是并不因为聊天室按某个主题设计，就意味着其间不会讨论别的话题。即使是"仅供青少年使用"的聊天室，也无法知道里面是否人人都是青少年，所以，在聊天过程中一定要保持警惕。特别是那些反对你的家长、老师或

者是朋友的人，一定要更加小心，因为他们可能心怀不轨。

3. 电子邮件

如今，电子邮件属于典型的通信系统。它与普通的邮件没有什么区别，所以几乎所有的青少年都会使用。然而，可能有些青少年还不清楚，现在有越来越多的人和公司正在用电子邮件给千百万的人群发信息，鼓励他们买东西，或者去访问一个网站等。因为电子邮件从某个方面来说是免费的，所以很多人可以不需要花任何费用就可以给他人发送上百万条消息。因此，当收到这种电子邮件的时候，不需要回复，更不需要在意。当然，与其看到令人不舒服的内容，不如不打开陌生人发给你的电子邮件，因为在打开的过程中，很多电脑就会中病毒。可见，这也是他们传播病毒的一种方式，一定要小心提防。

请一定记住，千万不要给陌生人发送自己的相片或任何个人信息，因为电子邮件容易被拷贝。如果一定要发的话，要确保他们可以尊重你的隐私权。

4. 论坛

论坛是可以阅读、发布信息、下载或上传文件的地方。凡是发在论坛上的信息都会一直保留在上面，任何进入论坛的人都可以阅读。论坛也可被用来发布文件，包括电脑程序、图片……通常来说，凡是可能想到的主题，在互联网上都可以找到相关的论坛。在论坛中，人人都有共同的兴趣爱好或者是对其感兴趣。但是论坛也不是安全的，它也可能泄露自己的信息。因此，在发帖子的时候一定记住不要暴露自己的准确身份信息。另外，论坛也属于公共场合，不要发一些非法的内容。

5. QQ及微信

近几年，QQ和微信在方便人们及时沟通方面起到了很大的促进作用，出现了很多的QQ群和微信群，有的是同学、朋友关系群，有的是讨论交流群，等等。但随之而来的各种不良信息及骗子也让人们防不胜防，青少年在进行QQ及微信交流时一定要有防范意识，能够识别各种欺骗信息，以免被诱惑而上当受骗。

七、青少年上网可能遭遇哪些伤害

网络看似是一个风光无限好的地方，在这里，同学们可以畅游知识的海洋，可以结识形形色色的朋友，可以探索无数新奇的世界……凡此种种，网络带给青少年的好处多多。可是谁又知道，网络不仅有着这样和蔼可亲的一面，在它美丽的外表背后，还同样潜伏着很多危险的因素。

相比成年人来说，青少年的心智还不成熟，社会经验欠缺，容易轻信别人，因此也就易遭受伤害。网络上有些居心不良的人，毒手所向往往就是不谙世事的青少年。有鉴于此，同学们应该提高安全防范意识，了解网络上存在的那些形形色色的风险，这样才能避免遭受不必要的伤害。

一般说来，青少年在网络上最常遭受以下几种伤害。

1. 思想毒害

并非所有网络空间的圈套都必然使青少年处于危险中。有些网站、论坛、聊天室等的内容可能只会让你觉得不舒服，其本质上可能是色情和暴力一类的东西，可能是提倡仇恨或讨论让你厌恶的内容。究竟是什么并不重要，关键是你有权使用相应的手段：立即从任何觉得不舒服的地方退出去。

2. 人身安全风险

可能面临的最严重的危险，就是由于自己或别人在网上公布了你的信息，或因为网上相遇而最终做了某事，去了某处，从而招致被伤害或被利用。当然，网上交际而受作弄、诱拐、离家出走的青少年数量相当少，可一旦发生，可能就无法挽回了。

为青少年建立网络晴空

3. 遭受恶意骚扰

网际空间并不是人人都在意自己的言行举止。上网时，特别是游戏、聊天室和网络论坛公告板中，你可能会受到一些平白无故的谩骂、毁谤、贬损等。碰到此类信息或如此行事之人，最好的办法就是视而不见，不予理睬。根据国家法律，有些信息可能已构成骚扰犯罪。

4．伤害别人

应该避免任何伤害别人同时也使自己卷入麻烦的事。要尊重他人，避免使别人愤怒、烦恼或者受到伤害，同时也要对自己的网上行为负责。

中国有句老话叫作"防患于未然"，这句话恰好可以用在这里。网络上并不是风平浪静、波澜不惊的，相反地，随着技术不断地发展，网络上的风险变得越来越大，如果青少年朋友不能提早预防，很有可能在网络上栽个大跟头。

八、"网聊"是一块净土吗

从最初在网络论坛上发表言论到现在的语音视频聊天，人们的交往生活随着科技进步而改变。从网络论坛留言板上的各抒己见，到聊天室里的高朋满座，再到微信、QQ等网络聊天工具的广泛使用，微信、QQ群的迅速发展，Q币的热卖，网聊已呈"燎原"之势。接着，微博又成为人们青睐的交流工具，手机微博也因其便利性而快速普及。

"网聊"所特有的匿名制保证了交流、倾诉的完整性和彻底性。正因如此，使得很多同学都把其当作了缓解压力、交流情感的重要"管道"，成为最流行的娱乐休闲方式。法国学者阿特塔等人也正因此找到了"应该鼓励青少年上网"的依据。他们认为青少年时期正是青少年感到茫然困惑的阶段，羞涩腼腆往往使他们难于正常地与人交流，别人的注视往往使他们感到畏缩。可是在网上，躲在显示器的后面他们就有了安全感。网络可以帮他们学会交友，帮他们找到自信，开发他们的思维能力，激发他们的好奇心。

　　网聊虽是科学技术文明发展的产物，但真假虚实，景象万千，并不是一块净土。在这里，善良与丑恶结伴而行，电子文字往往掩盖着人的真实面目，为一些居心叵测者提供了可乘之机。美国明尼苏达州曾破获的一起连环奸杀案，与普通刑事案件不相同的是，犯罪嫌疑人利用网络交友的机会至少奸杀了5名美国妇女，洗劫了数十名妇女的财物。这起首例网络连环奸杀案的曝光，再次引起了各国警方、司法界和政府的高度重视。目前，中学生在聊天和玩游戏时遭遇到的人身侵犯的比例，已经高于在现实生活中遭遇校园暴力的比例，利用网聊进行犯罪的案件正在逐年递增，同学们对此要有相当的警惕性。

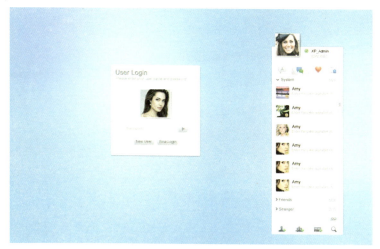

网络聊天可不是一片净土

　　当然，在网聊这个平台上，也有很多有趣味、有意义的事可做。如有的同学把自己学习中的感受、跟家人一起外出郊游的照片发到网上跟好朋友们分享；有的同学将自己刚刚完成的一项小发明、小制作发布到聊天室，没想到第二天全校乃至外省市的师生都看到了，还有专家回帖说他的想法很好、很有创意，有可能被采纳并使用。网络这个平台为我们提供了表达自己、参与、学习、交流的环境。

网络世界又是现实世界的影子。当在网上与人对话时，我们不得不意识到，自己的灵魂也同时受到对方的点击。去年，某中学初二学生去公交车站义务服务，一回来就在校园贴吧上发了一个帖子，对学校组织这次公益劳动很不满意，措辞非常激烈，结果同校学生看了与他进行了激烈的争辩、理论，最后大家心平气和地把事情讲明白了，这位同学气也消了，对参加公益劳动也有了正确的认识。

九、如何保护自己的隐私和人身安全

目前，上网已经成为青少年日常生活的一部分。微信、QQ、E-mail等无不记录着青少年交流的痕迹，但是网络毕竟是一个虚拟的世界。对网络里的友谊、情感，人人不得不打上一个大大的问号，因此广大青少年一定要清醒地认识到，在网络中也要和在真实社会中一样，懂得保护自己的隐私和安全。

信息时代，用户的个人资料也成了网站的重要资源，同时也成为被买卖的对象，由此可见个人信息已经成为一种商品。随着互联网的发展，网络病毒和黑客攻击也逐渐发展，个人计算机的操作者如果没有自我保护意识，自己的计算机和手机很容易遭到破坏，甚至瘫痪。

信息时代更要注意隐私保护

　　计算机的安全及使用计算机的人的安全，都是需要自我保护的。网络世界和现实世界一样，有好人，有坏人，网络提供的资讯，也有好有坏。由于在网络上看不到对方，任何人都很容易掩饰真实的身份，因此广大青少年更要注意安全。

　　据说，在网上只要花费不多的钱就能买到大批用户的个人资料，如姓名、地址、电子邮件、电话号码，甚至是信用卡号码等。所以，保护自己的个人信息非常重要，也非常必要。关于青少年的网络安全意识的培养，专家提出以下几点建议。

1. 保护计算机和手机的安全

　　广大青少年应在上网的时候使用防病毒软件，不要随便从网上下载或运行程序，最为重要的是尽量不要打开不熟悉的邮件地址发来的不明附件。同时，也不要告诉别人自己在网上使用的密码，即使是最好的朋友也不例外。

2. 保护自己不受情感伤害

　　尽可能把电脑放在客厅或家人一起活动的区域；在父母的指导下，订下合理清楚的上网规定，如认清哪类网站适合浏览，哪类不适合浏览，每天上网最多几个小时，什么时候可以上网等。

　　寻找合适的网络过滤和分级软件，可以自动过滤黄色或暴力等不好的内容；不要玩包含了暴力或色情内容的电脑游戏，不要理睬那些带有攻击性的、危险性的电子邮件、交谈请求或其他交流方式，不要进入那些令自己感到不舒服的站点，不要回复任何粗俗、语带威胁的电子邮件。网上交谈如果出现这类内容，也应立刻终止谈话。

3. 保护自己的隐私

使用安全的站点进行交易；及时清除临时文件及历史文件，因为里边包含了大量的个人信息；"自动完成"功能能够记住以前输入的网站地址、表单和密码，尽量不要选择让计算机和手机"记住"密码，或下网后立即清除这些信息；不要把自己的私人信息随便透露给别人，尤其是在聊天室和网络论坛上，以免受到不必要的伤害和骚扰。除非父母许可，不得在网络上泄露自己或家人的资料，包括姓名、地址、电话号码、就读学校、信用

网上要注意个人信息的防范

卡号码等。假如网络上有人告诉你中奖了，或请你参加活动时，不要轻信，不要随意传送个人资料出去。

4. 保护自己的人身安全

网上交友一定要慎重，不要轻易与网友见面；如果感觉到有来自网上的危险，应该迅速报警，与公安部门取得联系。

十、青少年上网容易掉入哪些陷阱

网络是现代科技的一种产物，作为青少年，接触网络是完全应该的。但是，青少年如果使用过多的时间上网，甚至迷恋网

络，此时应特别小心网络陷阱，防止成为网络受害者。目前最突出的网络陷阱有如下几种。

1. 交友陷阱

如今，网友已经是一个非常时尚的概念。所谓网友就是人们对那些通过在网络上聊天、探讨问题所结识的朋友。互联网出现的同时也为人们的交流提供了便利，所以在这个过程中，人们的交友方式也发生了一定的变化。然而，青少年在网上聊天、交友，最容易受到引诱、教唆、性骚扰，甚至伤害。所以，青少年在网上聊天的时候一定要慎之又慎、小心坏人，更要谨防上当。

2. 色情陷阱

网上大量的色情图片成为误导青少年的"教唆犯"。受网上色情信息的影响，很多青少年步入性早熟或者落入色情陷阱。一位妈妈讲述了自己12岁的女儿遭受网络黄毒侵害的经历。她说：当家中的计算机上网后，一家3口都非常高兴，女儿则兴奋地投入到与全国各地青少年的网上闲聊中。起初，父亲还在女儿闲聊时去检查一下内容，后来一忙就疏忽了，只是简单地提醒女儿"要保护好自己，别上坏人的当"。但是，有一天，在女儿熟睡之后，他们打开了女儿的电子信箱，让大人们大吃一惊，因为屏幕上显示的竟是不堪入目的性场面。他们通过进一步了解获知，女儿不仅已交了男朋友，而且还和男友按照邮件上的镜头做了性尝试。

目前，网络色情已成为社会一大公害。每个青少年都应增强自身免疫能力，自觉抵制黄色毒害。比如上网时，不下载网上的黄色游戏、照片、小说；请人帮助安装保护软件，以便过滤出黄色、暴力信息；从科学书籍上正确获取性知识；合理控制上网时间；配合公安机关进行计算机扫黄；还有，青少年要警惕计算机和手机黄色毒害，及时回避，不受迷惑；一旦发现，要及时举报等。

向网络色情说不

3．网恋陷阱

如今，网恋已经成为危害青少年身心健康的重大问题。当网恋被坏人利用的时候，它就变成了一个玫瑰式的陷阱，在这个陷阱中，青少年会受到各种伤害，甚至是丧失生命。

事实证明，网恋的成功率是非常低的。因为双方在交朋友的时候只是依靠语言、直觉或者是想象而建立信任感，所以是非常不可靠的。如果被对方欺骗，那会付出惨痛的代价。

4. 手机上网陷阱

人类发明手机的时候只是为了打电话，但是现在手机不仅可以打电话、收发短信、微信、上网，其功能甚至可以与计算机相当。特别是伴随4G时代的到来，手机网络的数据传输速度已经实现了一个新的突破，这为实现移动技术与互联网络的融合提供了十分有利的条件。

使用手机上网，可以使人们更好地融入这个数字化时代，享受到更为快捷、全面的信息服务。但与之相伴随的就是对青少年的危害。

手机网络上潜藏有大量有害信息，而这些信息往往会通过各种语言或者是方式激发青少年的好奇心，诱使青少年浏览有害信息。

通过调查发现，当前，提供淫秽色情等不良信息的无线应用协议网站有直通手机用户的"黄色通道"。为了逃避监管，使用户可以顺畅地访问网站，这些网站的经营者会设置IP（网络之间互连的协议）地址访问权限，只允许手机用户访问，或只允许手机用户通过移动梦网互联网服务访问非法网站，这样，手机用户只要上网，就能进到淫秽色情网站，而同样的地址，用计算机上网去找，却什么也看不到。可见，手机上网的网络有害信息有更强的隐蔽性，可以随便登录访问，其危害非常大，所以，一定要加以防范。

第二章 拒绝网络低俗内容的诱惑

一、什么是网络低俗内容

　　网络的普及不仅方便了人们的学习、工作，也丰富了人们的生活。但是，一些不法之徒常常利用网络抛出形形色色的诱饵。网络色情、网络诽谤、网络恐吓、网络赌博、网络诈骗等一系列网络犯罪中，强奸、抢劫、绑架甚至杀人等已经成为网络虚拟空间中的致命毒瘤。而包括淫秽、色情、低俗在内的网络低俗问题也日益严重。

　　网络低俗内容主要包括不符合法律法规的内容，宣扬血腥暴力、凶杀、恶意谩骂、侮辱诽谤他人的信息；容易诱发青少年不良思想行为和干扰青少年正常学习生活的内容，包括直接或隐晦表现人体性器官、性行为，具有挑逗性或污辱性的图片、音频、视频、文章等，非法的性用品广告和性病治疗广告，以及散布色情交易、不正当交友等信息；侵犯他人隐私的内容，包括走光、偷拍、露点，以及利用网络恶意传播他人隐私的信息等；违背正确婚恋观和家庭伦理道德的内容，包括宣扬婚外情、换妻等荒唐、违法的信息。

1. 淫秽

淫秽内容主要包括7个方面：淫秽性的具体描写性行为以及心理感受；宣扬色情淫秽形象；淫秽性的描述或者传授性技巧；具体描写乱伦、强奸以及其他性犯罪的手段、过程或者细节，可能诱发犯罪；具体描写青少年的性行为；淫秽性地具体描写同性恋的性行为或者其他性变态行为，以及具体描写与性变态有关的暴力、虐待、侮辱行为；其他令普通人不能容忍的对性行为淫秽性的描写。

2. 色情

色情是指整体上不属淫秽，但其中一部分对普通人，特别是未成年人的身心健康有毒害，缺乏艺术价值或者传播价值的文字、图片、音频、视频等信息内容。

3. 低俗

低俗是对青少年构成毒害的，危害社会公德或者民族优秀文化传统的内容。它不完全是一个法律准则，也不完全是道德规范。

低俗信息

二、网络为什么成为色情信息传播的温床

用铺天盖地来形容网络上的色情信息，一点也不过分；通过网络获得各种色情信息也变得十分容易。

1. 关于网络色情信息的调查数据

因特网数据研究公司NetValue在一份研究报告中指出，浏览色情网站在亚洲用户中，特别是在青少年中非常流行。据这份报告称，2000年1月，在中国、韩国和新加坡，浏览过色情网站的青少年为37%～58%。

这份报告指出，在它研究的国家或地区中，青少年浏览色情网站的时间有所增加，其中增幅最大的是中国内地，每名青少年每天浏览色情网站所用的时间从2000年12月的21.9分钟上升到了2001年1月的47.3分钟。

香港浏览色情网站的网民中，43%的年龄在15～24岁更为严重的是，香港教育网也被链接上色情网站。该网站的一个新闻组被人链接上一个女中学生被偷拍照片的网址，网址主人更以网友浏览链接网页广告的次数为条件，不断增加色情照片的数目，令一个正正经经的教育网页沦为色情网站的宣传工具。香港教育专业人士感叹，网上发布色情照片的情况泛滥，很难追查照片来源，所以，要杜绝香港青少年浏览色情网站是十分困难的事情。

2. 网络色情信息为什么"长盛不衰"

网络色情信息的传播长盛不衰与网络本身的特点有很大联系。专家认为：我们应以网络的三个显著特点为基础讨论色情的产生和发展。这三个因素是匿名性、方便性、逃逸性。

匿名性可以使网民在网上尽情地浏览、讨论和传播色情信息而不会被发现继而遭到主流舆论的谴责；网络聊天室等虚拟空间又能够很方便地让色情爱好者们有了自己的"交流园地"；网络

作为一个基本与现实隔离的虚拟空间又可以满足人们逃避现实的拘束、发泄自我欲望的心理。总而言之，网络的三个特性深受色情爱好者们的欢迎，又加之网络作为一种强势媒体的广泛推广和网络犯罪易于逃避处罚的特

严查色情游戏网站

点，自然而然的，网络成为色情信息最集中的领域，网络色情信息的传播亦"长盛不衰"。

3. 网络色情产生的危害

也许我们已经认识到了这样一个现象，那便是虽然我们都认为接触色情的信息是不正确的行为，但是如果问到这些信息对我们的身心究竟有哪些具体的危害，却不是每一个人都能够回答得清楚的。对网络色情污染危害性的模糊认识，是网络色情参与者人数有增无减的重要原因之一。

网络色情对一个人的危害非常严重，更可怕的是，网络色情将对青少年形成之中的人格进行扭曲。一般来说，除了你上网的冲动会强一点点，网络色情在短时间内不会对你造成实质性的损伤，这也是我们难以发现它的危害性的原因之一。但是，一旦它完成了对于你人格的异化，那也就宣告着你将有大的麻烦了。

心理学上有很多研究指出：如果青少年长期浏览色情和性暴力信息，这些信息便会内化为他的价值观的一部分，也就是说他会弱化自己的"自我"和"超我"对于色情和性暴力行为的规范和抵触功能，甚至认为这些行为是正常的，他的人格之中会不自觉地产生一种性暴力倾向，把自己的"本我"过分地体现出来。这样的青少年会在日常生活中表现出一些反常的行为，长大之后犯罪的可能性会增加很多。

另外，这种被扭曲了的人还会对一些正确的社会思想和传统文化产生抵触情绪，这会导致他的思想脱离社会主流，恶化其人际关系。大多数的学生不愿意和一个被色情毒化深重的人在一起，而就被毒化者本身而言他也不太愿意和那些

网络色情请勿沾惹

"正人君子"在一起，而选择自我封闭，而自我封闭的状况又助长了他对色情信息的需求，如果不及时加以帮助教育，他的一生都将是可悲的。网络色情污染的最终结果是让你成为一个无法融于社会的人。而我们知道，一个人如果失去了社会性，他的存在也就没有什么意义了。

三、网络不良信息带给青少年哪些伤害

网上的不良信息及网络犯罪往往会给青少年的身心健康与安全带来很大的危害。目前，网络对青少年的危害往往集中在两个方面：一方面是黄色垃圾；另一方面是暴力、抢劫、诈骗等犯罪行为。

据调查，在网上的一些非学术性的信息中，与色情有关的占47%。由于网络的传播性，所以绝大部分的青少年通常是在无意

之中接触到黄色信息。当青少年看到这些不良信息后，往往会出于冲动或者好奇而进一步寻找这方面的信息，从而陷入其中难以自拔。在与这些色情信息接触的人中约有90％的人有性犯罪的行为或者动机。

一天下午，刚满16周岁的张峰和李凯坐在电脑前无事可做。当两个人谈及目前手头有点紧，没有钱花的时候，他们突然想到了一个方法可以使自己得到钱。在网上他们看到一些关于暴力抢劫的信息，于是两个人便商定，找一个学生，将其绑架，然后向他的家人勒索。

于是，在当天下午3点，在城关北大街一所中学附近，张峰和李凯两个人便用持刀威胁、诱骗等办法将14岁的阳阳绑架到了一个废弃的仓库中，接着两人就给阳阳的父母打电话，让他们在第二天拿10 000元赎回他们的儿子，否则就会撕票。阳阳的父母确认自己儿子安全以后便答应第二天把钱送到指定地点。张峰和李凯两人都很激动，他们没有想到网上的这些办法这么好用。第二天，两个人在取钱的时候被乔装打扮成阳阳家人的警察当场抓获。张峰和李凯后来都被判处有期徒刑。

正处于长知识、长身体阶段的青少年，缺乏自控力、心理承受能力和辨别是非能力，如果常常浏览暴力、抢劫、强奸、伤害等内容的信息会产生两方面的危害：一是容易损害身心健康，造成心理扭曲；二是模仿网上作案手段而实施的暴力、抢劫、强奸、伤害，甚至行凶杀人等犯罪行为。案例中的张峰和李凯不就是这样吗？

另外，若是再把黄色信息传播给别人，让别人接触到这些不良信息，不仅不道德，同时也是违法的行为。青少年正处于青春萌动期，通过正常渠道得到一些必要的性知识是完全有必要的。

但是，去不良网站查看黄色信息这种行为极其危险。一些青少年对于黄色信息往往没有抵御能力，与这些不良信息接触以后，也许会有道德扭曲甚至是堕落情况的发生。更为严重的是，有的人在网络色情成瘾以后往往控制不住自己，走上犯罪道路，葬送掉自己的前途。这样的案例不在少数。

网上的一些不良信息（暴力、抢劫、强奸、伤害等）及一些网络犯罪的危害竟然如此之大，所以为了让青少年有一个美好的未来，一定要引导他们远离宣扬暴力、抢劫、强奸、伤害等内容的信息。

四、青少年如何面对不良信息的诱惑

网上充斥着各种各样的不良信息，青少年应该如何面对这些不良信息的诱惑呢？

1. 擦亮眼睛

现在网络资源很丰富，五花八门，好坏难辨。少数不健康的网站很隐蔽，伪装得非常好，很难识别。同学们在上网时，一定要保持高度警觉。黄色网站里的内容极其下流，诱惑力极强，对学生的身

网吧是犯罪人员喜欢的场所之一

心健康、思想意识、学习成绩等有极坏的影响，不仅是公安机关

严厉打击的对象，也是人们自觉抵制的对象。学生上网查阅资料时，要注意关键词的使用。有些色情网站，为了逃避打击，经常以类似的名称出现在人们面前，浏览时要时刻警惕，一旦无意识地打开了黄色网站，要立刻关闭，不能关闭时，要强行关机，不要有丝毫的好奇心，绝不能抱着只看一次，下次不看的念头。

2. 拒绝"不速之客"

在浏览网页时，一些伪装的黄色网站的页面会不请自到，无论以什么方式出现，都要立刻关掉它；也可以请网络高手为你的计算机设置反入侵程序，积极阻断"黄客"的侵入。

3. 举报不良网站

增强法制观念，及时向老师、家长说明情况，或者向公安机关报案。把情况告诉老师和家长，他们会帮助你处理这种问题的。另外，现在公安部门很重视打击黄色网站的问题，设立了举报电话，如果发现了伪装的色情网站，应马上向公安部门报告。

4. 树立远大理想

学生追求的应该是探索知识、掌握技能、振兴中华的远大理想。平时应该努力克制自己的行为，抵制各种不良诱惑。

5. 加强学习

平时要多学习一些科学文化知识，了解人的生理特点，正确地处理好青春期带来的各种问题。

五、青少年怎么做才能远离网络暴力游戏

据统计，青少年之所以会走上犯罪，基本原因包括网络、教唆和吸毒。在网络世界中，导致青少年犯罪的主要诱因是暴力游戏和色情网站。

1. 石家庄游戏厅杀人案的启示

媒体曾经报道过石家庄游戏厅连续杀人案，这起案件令人震惊。当时有一伙青少年拿刀在网吧里见人就砍。在这个网吧砍了人，再换一个网吧去砍，手段非常残忍，其实，他们这样做就是为了抢钱。在抢完钱之后继续到网吧里上网。

这群青少年如此残忍，他们难道没有法律意识吗？通过调查发现，他们之所以会变成这样，是因为受到了网络上暴力游戏的毒害，特别是那些没有自制力的青少年更是无法分清现实和网络。当在网络中看到杀

青少年对不良信息的分辨力不足

人之后，他们就在现实实施，从而走上了犯罪的道路。

事实上，网络不仅有"毒药"，它也有更多好东西，只要青少年能够做到合理使用。但是如果青少年过于沉迷其中，就会荒废学业，甚至扭曲心灵，走向犯罪。所以，从这个角度看，网络又是青少年犯罪的摇篮。

暴力游戏诱发犯罪

2. 如何远离网络暴力游戏

（1）文明上网，认清网络和现实的关系。每天要有一定的上网时间，不能过久，要做到文明上网，在选择网站和网页的时候一定要选那些对自己有利的。

（2）认清网络游戏特别是暴力游戏的危害，看清色情网站的害人之处。为了更确切地知道这些危害，可以看一些相关的新闻或者是报道，进而警醒自己。

（3）加强与父母的情感沟通，开辟青少年与父母沟通的新渠道，增强和家人的感情。青少年在遇到问题的时候一定要记得寻求父母和老师的帮助，然后在父母和老师的帮助下解决问题。

六、为什么要远离网络迷信

　　最近，校园网络迷信的传播现象严重，很多同学花费时间和精力在那些不切实际的占卜和星座运程上面，言必读风水，行必问占卜，看星座书籍、网页，买带有星座的文具盒、课程表、橡皮擦、十字绣等用具，同学间互赠星座卡片，交换星座护身符、避邪物……星座成了校园内最"In"的时尚，校园流行"请"神仙，很值得关注。

　　原来我们总是听说，在偏远农村会出现一些人用迷信代替治疗而危及生命、盖房修路要花钱请风水先生来"指点迷津"、因"看相算卦"被骗钱的事情。没想到这些小把戏又开始大行其道，在校园中流行起来，在互联网上泛滥成灾。专业迷信网站数量巨大，同样是迷信思想，但是经过诸如星座、占卜等形式的"革新"，摇身一变，披上了高科技、"新潮"的外衣。

　　同学们利用网络快速传播迷信巫术的信息，这是一个以前我们没有遇到过的新问题。长期接触这类迷信信息，很容易使我们走上极端。日常生活中的大事小事，学业、情感等的选择，都会被这些

水晶球占卜

不良信息所诱导。特别是有了"运程"的说法，就会在遇到挫折或犯错误的时候，为自己找到借口，逃避责任，进而抛弃勤奋、努力，荒废学业。

科学是迷信的死敌，而迷信往往与愚昧相联系。凡缺乏科学的地方，愚昧必然猖獗。愚昧使人更容易坠入迷信。愚昧是迷信的主要原因，迷信又反过来强化了愚昧。作为新时代的中学生，理应高举科学的旗帜，凡是被实践证明了的科学真理，要坚定不移地坚持；尚未被认识的客观事物，要积极以科学的态度进行研究探索。

联合国在1994年《世界科学的报告》中指出："科学永远是财富之源，今天穷国与富国的差距就是掌握知识多少的差距。"早在2600多年前，就有一位史官说过："国将兴，听于民；国将亡，听于神。"当代中学生理应用科学知识、科学思想、科学精神、科学方法武

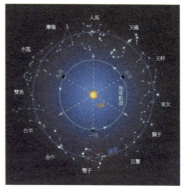

毫无根据的星座占卜

装自己，充分认识到努力学习科学文化知识的紧迫性、重要性和必要性，认清迷信的危害，摆脱鬼神邪说的精神束缚，痴迷"星座占卜""看相算卦"等迷信活动，是极不利于自己健康成长的。

青春之所以美丽，就是因为这一时期我们充满着对未知世界的好奇，可以去探险，可以去挑战，正是这种对未来的期许赋予我们创造和进取的动力。此时的我们，只有意识到将自己的未来把握在自己手中，才会拥有光明的前途。我们还年轻，要充分利用健康网络中丰富的资源，多吸纳科学知识，多掌握有用的技能。青少年朋友们一定要擦亮眼睛，做到不迷也不信，要勇于与网络迷信说再见。

七、网络消费助长攀比心理吗

　　尚宇最开始使用QQ聊天的时候，其QQ的个人形象和大部分刚上网的人一样，都是最原始的光着上身只穿一个小裤头的"傻男孩"。后来，他开始去商城里找免费赠送的衣服穿，但是一段时间后，又觉得免费赠送的衣服不好看。从同学那里听说可以花钱买Q币在网上买衣服，尚宇也开始这么做，这之后再看到别人买漂亮的，尚宇就买比别人还漂亮的。

　　尚宇开始和同学攀比，"我今天刚买了一套香奈儿的裙子，还有一辆奔驰的跑车，黑衣服配红车特酷！"

　　同学说："那算什么啊！我昨天玩'梭哈'一天就赢了100多万，他说要送我两套衣服，剩下的游戏币他都换钱，加上以前赢的钱，这次我们俩能出去吃顿大餐了！"

　　就这样，尚宇和他的同学们都变成了网络商城里的"款哥""款姐"了。在网络商城中，所有的服饰都是虚拟的图画形式，但都价格不菲。例如，尚宇如果要买衣服的话要3个Q币，车子要3个Q币，就连他身后的埃菲尔铁塔的形象也要3个Q币。所以，其行头就是9个Q币，折合成人民币为9元钱。如果经常换行头的话，就得花费上百元，对于一个没有挣钱能力的青少年

网络的攀比毫无意义

来说，这是非常奢侈的。

其实，网络中的消费不仅包括真实的消费，也有虚拟的，如此种种都会刺激青少年的消费欲望。

事实证明，青少年对于这种虚拟的网络形象的消费，也在互相攀比：你有汽车，我就要有豪宅；你有靓衫，我就要有首饰……长此以往，这种消费攀比损害了青少年心理健康。这就要求青少年加强对自身的要求，拒绝此类攀比的行为。

那么，青少年该如何防止攀比心理的产生呢？

（1）不要做娇生惯养的少爷、小姐，要学会体谅父母的难处，知道父母工作的不易。许多家长虽然很舍得给孩子买东西，但其实并不是经济宽裕，只是抱着一种让孩子过得更好的心态。同学们应该认识到父母这么做的良苦用心，不随便要这个要那个的，否则一旦养成了习惯，再想改掉就十分困难了。

（2）不和别人攀比买东西，但可以学会和别人攀比学习成绩，攀比谁做的好人好事多，攀比技术能力的高低，这样就会在成长过程中正确认识攀比的意义，并且利用攀比来激励自己，挖掘自己的潜力，从而形成一个正确的竞争的人生观与价值观。千万要注意别向追求物质、行为不良等方向发展；同时，也应该注意通过个人努力来赢过别人，避免压力过大，防止钻牛角尖。

只要采取了以上的措施，攀比就不会转化成虚荣，而且能成为青少年进步的动力。例如某贫困家庭的青少年上大学以后，要求父母变卖家产或向别人借钱来满足自己购买名牌用品的欲望，这样的行为就是典型的虚荣表现。但如果这位同学通过努力考取奖学金或辛勤做兼职，以此来满足自己合理的物质需求，这就是攀比心理推动他获得成功的表现。

八、什么是网络赌博

网络赌博是利用网络进行下注参赌的行为，有多种形式，如"赌球""21点""押大小"……当然，如果网络赌博所涉金额比较大的话，还会扰乱社会治安，危及互联网产业的健康发展，更严重的是它对沉迷于其中的青少年有严重的身心伤害。

1. 网络赌博主要分为两大类

一类是传统的赌博转移到网络上，利用网络互动性强、隐蔽性强、支付方便、证据保全难等特点开展赌博活动，因为范围比较广，所以网络赌博的数额不断升级。

另一类是网络游戏中衍生的一些赌博活动，即"变相的赌博类网络游戏"，涉及很多环节，如网络游戏服务、虚拟货币、第三方交易平台……这些赌博采用一些打法律"擦边球"的形式，赌资上不直接与人民币挂钩。如果这种赌博形式发展起来，必然会损害网络游戏用户的安全，如果严重的话，传播范围会非常广，同时受害人数也会更多。

2. 网络赌博有三个特点

（1）网游赌博平台国际化，玩家分散性强，数量大，网游赌博人群年轻化，吸引了很多青少年参加到网络赌博中。

（2）网络上的赌博介入了很多热门项目，如足球、赛马等各种体育比赛。这样会吸引更多的人参与赌博。

（3）参赌人员形形色色，不仅有企业老板，也有家庭主妇，甚至是企业员工。即使是一些无业人员，也无法抵挡赌博的诱

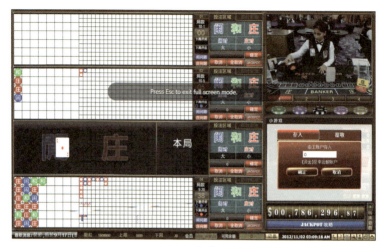

网络赌博

惑，借钱赌博，最后输得精光。虽然青少年在赌博中所占的比例不大，但是其危害性是不可小觑的。

　　赌博是社会的毒瘤之一，当然，在网络世界中也是如此。通过互联网，在虚拟环境中赌博，这种高科技赌博方式，让更多的赌徒参与进来。所以网络赌博已经演变为一种社会问题，必须引起高度重视。青少年迷恋上网络赌博虽然不可能一掷千金，但因为资金不足偷家里的钱的现象却比比皆是。所以，青少年迷恋网络赌博不仅危害了青少年的身心健康，而且还给家庭带来了沉重负担。

 九、网络黄毒对青少年造成了哪些影响

　　如今，网络黄毒已经成为危害未成年人的世界性问题。据报道：在法国，保护未成年人免受网络黄毒危害主要针对两个目标，一是成年人色情网站，二是恋童等色情网站。对于第一类网站，法国的防范目标是采取一切措施避免未成年人接触；而对于第二类网站，则给予严厉打击。

面对不断出现的网络黄毒，在1998年，法国政府修改了《未成年人保护法》，对有关制作、贩卖、传播淫秽物品的定罪和量刑更加严格。如果长期有以赢利为目的的此类非法行为，量刑会更严重。

中国互联网信息中心提供的调查资料显示，在6.88亿网民中，青少年上网人数已经达到了2.77亿。可见，青少年使用网络的人数是在不断增加的。那么，在网络面前，青少年如何做到趋利避害、健康上网呢？这已经引起了全世界的关注。心理学研究发现，青少年沉迷于网络之后就会减少了学习兴趣。那么，要想解决青少年网络成瘾问题，最重要的是找到一个平衡点，让青少年做到合理使用网络。

未成年人是黄网主要"客源"之一，而且呈持续递增趋势。因为青少年自制力比较弱、辨别能力较低，所以这种黄色信息更容易攻破青少年的心理防线。因此，一定要不断提高青少年的自制能力。

与一般信息相比，黄色、低俗、淫秽信息的受关注度要高很多，所以，互联网上的黄色信息不断。在电脑网络中的传播受到极大遏制的色情网站，如今却在手机网络中大行其道。通过手机，青少年也可以浏览很多色情网站，危害非常大。

曾听过这样一个报道，盐城四名少年沉迷黄网产生强烈性欲望，轮奸女生被判刑。这让整个社会感到震惊。他们痴迷于黄色网站，将大量的时间用在光顾黄色网站、浏览黄色网页上，长此以往，他们脑海中没有别的东西，只有异性的胴体和网站上的赤裸裸的黄色镜头，这就刺激了他们与异性发生关系的强烈欲望。

最终，他们瞄准了一名正上初二的女学生，四名少年按捺不住内心的冲动，将女生轮奸，作案后，又到网吧继续上网，又去喝酒，还去唱卡拉OK，沉醉于发泄后的满足。

低俗网站往往暗藏病毒

当主审法官宣判他们因犯强奸罪被判3～6年有期徒刑时，他们流下了忏悔的泪水，一再强调都是黄色网站害了他们。

如今很多青少年都是独生子女，随着生活水平的不断提高，他们发育程度也加快。在进入青春期之后，善于模仿，接受暗示，网络上的色情淫秽的信息特别容易引发未成年人性犯罪。可见，网络中的有害信息会对青少年产生非常恶劣的影响。

十、如何拯救网络上的"少女妈妈"

当上天把美丽、青春、骄傲、灿烂这些美好的字眼，通通赋予花朵般盛开、绽放的女孩时，她们本该在温暖的阳光下嬉戏追逐，在艳丽的花丛中灿然微笑，在明亮的教室里书声琅琅，在父母的膝下承欢撒娇。然而，为数不少的一批女孩，却在尚未成熟的年龄，因为无知、好奇、冲动……被命运开了一个玩笑，成了"少女妈妈"。

针对"少女妈妈"的产生，我们不仅要问，究竟是家长的责任，是社会的责任，还是网络的责任？一位大学教师在网站上发表了一篇名为《网络：请给青少年一个纯洁的空间》的文章，他认为只有对青少年进行良好规范的教育才能阻止艾滋病的传播以及青少年性犯罪。他说，中国的网络性教育目前存在很大问题，一些网站在"性健康"栏目中涉嫌传播色情，而又没有任何对青少年的防范措施，这对青少年是很不利的。

那么，涉世未深的少女们，如何才能避免成为"少女妈妈"呢？

1. 浏览健康的性教育网站

随着科学技术的不断发展，如今中国每个大学都有自己相应的校园网站，而且各种正规的高中、初中甚至小学也都已经逐步有了自己的网站。所以那些对生理知识懵懵懂懂的少女，不妨多去浏览下这些健康网站，正确地认识并对待"性"，学会如何与异性交往，学会对自己负责，学会自我保护。

做健康少年，文明上网

2. 逐步健全正确的性观念

低年级的青少年要从小就认识自己的性别特征，使心理人格的发展符合性别特征；青春期的青少年，应当了解青春发育期人体主要器官的发育，第二性征和性器官的发育；高中学生，在生理方面要了解生命诞生的生理过程及社会意义，特别了解性生理和性道德、相关法律知识；大学生可以去学习性心理、性道德和性法律，形成正确的恋爱观，学会如何处理爱情与事业的关系，并且了解家庭婚姻的道德与法律知识。

3. 多与他人沟通

生活中多和师长、父母沟通，有什么问题不要藏在心里，试图靠自己来解决。青少年的社会经验较少，很容易被人所蒙骗，如果处理事情的时候有长辈在一旁参谋，就能避免做出很多错误的抉择。

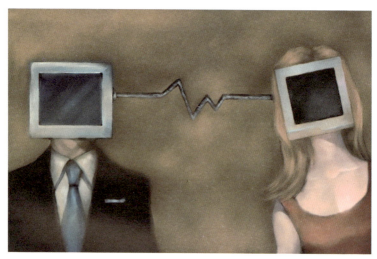

网恋不是很靠谱

第三章　别让网瘾伤害你

一、什么是网瘾

网瘾也就是"互联网成瘾综合征"，英文简称为IAD，它属于心理疾病的范畴。网瘾的基本症状是上网时间失控，即使不吃饭不睡觉，也要上网。患者虽然意识到问题的严重性，但是根本无法控制，如果要强制他们不上网的话，他们会表现出情绪低落、头昏眼花、双手颤抖、疲乏无力、食欲不振……

中国青少年网络协会提供的权威数据显示，城市网瘾人员中小学生比例为25.8％，初中生为30％，高中生为56％，可见，网络成瘾的青少年网民比例非常高。这些患有网瘾青少年为了上网、逃学、离家出走、抢劫甚至猝死网吧，其情况的严重性真是令人震惊。

事实证明，网瘾会让一个人成为"瘾君子"，在成为"瘾君子"之后，人的心灵不仅会变得黑暗，而且也会遭到扭曲，处于一种亚健康的状态。

网瘾的高发人群多为12～18岁的青少年，其中较多的是男性。处于这个年龄段的青少年，因为大脑皮层发育不完善，意识也比较弱化，理解判断力差，所以自控能力也比较差。另外，他

们正处于青春期，叛逆心理更严重，好奇心强，喜欢追求刺激、惊险和浪漫。为了满足这种心理需求，他们通过上网来不断发泄，最终形成网瘾。

网瘾

　　如今，几乎每个家庭中都有电脑和手机，而电脑和手机也成了大人、小孩儿的玩具。中国青少年网络协会发布的调查报告显示，所调查的大城市的青少年中，约八成9岁前就开始接触互联网，其中7.1%是网瘾用户，有网瘾倾向的约占5%。很多青少年对网上的各种操作是非常熟练的。互联网在低龄人群中的普及性越来越高，这导致了青少年与家长和亲朋好友的沟通越来越少，把大量的时间花在上网上。

其实，网瘾的形成机理与烟瘾、酒瘾、毒瘾没什么不同，都是操作条件反射形成、巩固、习惯化的过程。上网是操作过程，在网上尝到"甜头"之后，希望能有更多的甜头，在多次强化之后，就形成了网瘾操作性条件反射。一旦形成网瘾，人的注意力就会不集中，无法认真学习，甚至还会形成说谎恶习，疏远家庭，损害身心健康，最终导致各种慢性疾病的发生，导致个体免疫力不断下降。可见，网瘾对人的损害是非常大的，如果情况严重就需要治疗。

拒绝网瘾签名

二、网瘾分为哪几个类型

随着科学技术的进步，我们正在向一个崭新的时代迈进，以信息高速公路和庞大的信息数据库等要素构成的互联网正在崛

起，而且正在以惊人的发展速度进入越来越多的家庭。20世纪90年代初，互联网对人们来说还十分陌生，可是现在已经成了时代的流行语。以前，朋友或者同事见面时常说"你吃饭了吗"，可是现在彼此见面却总是将"你上网了吗"挂在嘴边。

网络时代的到来，使得广大青少年对此趋之若鹜。网络中大量的信息和丰富多彩的游戏极大地激发了人们的探索欲和好奇心，而青少年本就有着旺盛的求知欲和强烈的好奇心，因此，网络对他们来说有着更大的吸引力。互联网上的联网游戏以及各个游戏开发公司发布的游戏等好像有魔力一样吸引着广大青少年。

网瘾包括网络游戏成瘾、网络色情成瘾、网络信息成瘾、网络技术成瘾和网络交际成瘾五种类型。

1. 网络游戏成瘾

这一类的成瘾者将大量的精力、时间与金钱花费在网络游戏、赌博、拍卖和购物等活动中难以自拔。网络游戏成瘾是最早引起人们注意的一种网络成瘾症。

2. 网络色情成瘾

这一类的成瘾者沉迷于交换、观看和下载色情产品。

3. 网络信息成瘾

这一类的成瘾者经常强迫性地在网上查找或者收集一些不迫切需要的或者无关紧要的、无用的信息。

4. 网络技术成瘾

这一类的成瘾者经常强迫性地沉溺于游戏程序或者电脑编程

中无法自拔。与电脑程序员的工作不同，该类成瘾者不具有计划性和目的性。

5. 网络交际成瘾

此类成瘾者利用网站的聊天室和各种聊天软件进行人际交往，以至于到了成瘾的地步。网络交际成瘾还可以分为两类，即网恋成瘾和交友成瘾，两者的共同点是在网上寻找朋友。在他们看来，他们生命中最重要的就是这些"在线"的朋友。

这些网瘾类型通常交叉重叠在青少年身上，但是无论哪种类型，都不会给青少年带来好处。

网瘾知识讲座

三、网瘾有哪些症状

有人对青少年互联网运用现状进行了调查，发现"触网"的青少年占被调查青少年总数的100％，在城乡的网吧里，青少年所占比例竟然超出了80％，一半以上的青少年都进过网吧。网络成瘾不仅会严重损害到青少年的身心健康，同时也会对他们的生活和学习带来很大的影响。

网吧中的青少年

网瘾主要是指上网者在行为和心理上对网络过度依赖；把上网当成是生活的重心；上网时间失控；只要停止上网，立刻就会表现出着急、不安、乏力、烦躁、兴趣丧失、情绪低落、食欲下降、头晕眼花、无端发脾气、易激动、注意力不集中、孤僻、说谎，甚至自杀、打骂家人等不良身心和行为反应。具体来说，网瘾的症状主要有以下几个方面。

1. 渴求性

上网活动完全控制着网瘾者的情感、思维和行为，只要网瘾者没有上网就会产生强烈的渴望和焦虑。

2. 烦躁性

在被迫不能上网或者是因为出现意外而不能上网的时候，网瘾者会产生全身颤抖等生理反应和烦躁不安等情绪特征。

3. 耐受性

上网成瘾者只有在上网时间不断增加，投入程度越来越深的时候才会感到满足，就像那些吸毒者摄入毒品一样，摄入量总是在不断增加。这说明网瘾者的耐受程度越来越强。

4. 逃避性

上网成瘾者为了追求某种体验或应付环境变化，利用网络活动来获得兴奋、激动、紧张和刺激等情绪体验，从中还可以得到逃避、安宁甚至麻木的情感效果。

5. 矛盾性

上网成瘾者对自己的行为往往持有矛盾心态，成瘾者明知道上网成瘾会给自己带来危害，但是又不想丢掉上网带给自己的精神上的满足。

6. 冲突性

上网者一旦染上网瘾，往往会和自己周围的人或环境产生冲突，比如与家庭成员、朋友、同学，学习、社会活动以及别的兴趣爱好等的冲突。

7. 反复性

上网成瘾者在经过一段时间的戒除和控制以后，成瘾行为往往会反复出现，而且与之前的网瘾行为相比更为严重。

四、你真有网瘾吗

许多时候，只要青少年上网的时间稍微长一些父母就会认为有网瘾，但有八成的父母认为自己的孩子并非真有网瘾。对未来缺乏激情、和家人关系不好、厌学等是导致假网瘾的真正诱因，若这个心理问题能够得到解决，他们的行为及认知也会随之发生变化。临床上定义的网络成瘾有一定的指标，脱瘾症状的出现也包括在内，如上网后睡觉、吃饭等生活的基本功能存在严重问题。然而，绝大部分正在念书的青少年都还没严重到这种地步。

网吧中以玩游戏为主

　　我们应该客观地看待网络成瘾，既不能忽视，也不能随意诊断、过度泛化。如果说只是上网玩一玩就有网瘾，就大错特错了。网络成瘾有一定的诊断标准，你可以通过下面的问卷，看一看你是否真的是网络成瘾。

　　（1）你对网络是否过于关注？

　　（2）对于网络的使用你是否感到很难控制或减少？

　　（3）当上网的时间不断增加时，你才会感到满足？

　　（4）当你有烦恼或有不良情绪时，你是否将上网当成了发泄的途径？

　　（5）当你停止使用网络或准备下线时，你是否感到难受、烦躁不安？

　　（6）你与朋友间的关系或者自己的学业是否受到了网络的影响？

　　（7）在朋友或者家人面前，你是否掩饰自己对网络的着迷程度？

　　（8）你是否一上网就来劲，而下网时感到无所适从？

　　（9）你为了上网是否经常花费许多钱？

　　（10）你实际上网的时间是否比自己预计的时间要长？

　　如果上面的10个问题中，你有5个问题的答案是"是"，那么你就是上网成瘾。根据"网络成瘾诊断标准"以及内容的不同，可以将网络成瘾分为五类，其中，我国网络成瘾的青少年以网络交友成瘾、网络色情成瘾和计算机网络游戏成瘾居多。需要注意的是，网络成瘾的人通常有下面的特点：情绪调节作用、渴求、停药症状、耐受性、反复、冲突。有些人会问，我已经上网成瘾了应该怎么做呢？

　　既然青少年依恋网络，肯定是因为在网上可以得到一些在现

多些关爱，少些网瘾

实生活中得不到的东西。比如平等的交流、自由、乐趣。青少年应该认真想一下自己到底想要什么。如果父母总是独断专行，而自己又渴望独立，自己也许需要的就是与父母之间进行平等的交流；如果父母对青少年的评判仅限于成绩，自己也许就不会产生成就感，为了得到这种感觉，也就会把目光转向网络；当然，若是青少年的一些宣泄和需求不适当，自己需要的就是父母正确的引导，这时青少年要克服自己，不能在网络上任意发泄。

五、为什么青少年网瘾大

为什么有那么多青少年迷恋虚拟的网络世界呢？网络游戏究竟有多大的魅力，以致不少青少年甘愿弃学玩游戏？

专家表示，青少年的网瘾之所以那么大，是因为上网能满足青少年的欲望，网络让他们感到"只有想不到的，没有办不到的"。在现实生活中，青少年有很多欲望是被压抑的，但在网上都能实现。比如，学习成绩差，但是网络游戏玩得好，一样可以找回成就感；生活中没有知心朋友，网上可以找到；想发泄想骂人，在网上可以痛快地发泄；想得到至高无上的权力，比如当国王或皇帝，在网络游戏里就可以实现。这些在青少年看来是多么的愉悦啊！

告别网瘾，健康上网

虽然网络里的那些东西都是虚拟的，就像画饼充饥一样，纯粹是寻求一种精神安慰，但也有"望梅止渴"的效果，虽然没吃到梅子，但解决了渴的问题。虚拟社会可以制造一种如临现实的感觉和体验，很多青少年为了这种感觉往往通宵达旦地不睡觉、不吃饭。

这就是网络游戏的魔力所在，它将很多青少年的心都"网"住了，让青少年欲罢不能。明明知道染上网瘾会毁掉自己大好的读书时光，毁掉自己的前程，但是仍然难以自拔。

引发青少年网瘾的真正原因有这样几点。

1. 亲情缺失

陷入网瘾的青少年，相当一部分生活在单亲家庭中，或是父母感情不好、家庭教育方式不当等。致使亲情冷漠、亲子关系差。因网瘾而辍学的初中生王磊说："每当我想到父母冰冷的面孔，就不愿意回家面对。"因此，他成天躲在网吧里。

2. 友情缺失

缺少朋友是痛苦的，尤其是一些处于青春期的青少年，正是情窦初开的时节，有与异性交往的需求，当这种需求得不到满足时，便把网络聊天和网络游戏当成了生活与情感的一部分。

4. 自信缺失

因为学习成绩糟糕，或屡遭老师和父母的批评，从而丧失了学习的自信心，于是在网络游戏中"拼杀"，试图找回成就感。

4. 兴趣缺失

繁重的学习负担、激烈的竞争，不但没有发展兴趣爱好的机会，就连体育活动都被学习挤占。在作业、考试、上课的单调生活中，在老师、父母的压力下，不少学生感到压抑和厌烦，故而对学习失去兴趣。上网聊天或玩游戏，成为这些青少年生活中唯一的消遣和乐趣。有位青少年说："只有在网络中，我才是真正的自己，才能感到放松和快乐。"

　　青少年应该加强和父母的沟通，同时，要多参加集体活动，拓展自己的交际面，在现实社会中自由发挥个性，结识志趣相投的朋友，满足成长中的各种需求，从而促进身心的健康发展。

六、自控力差的学生更容易陷入网瘾吗

　　那一年，学校附近有几个网吧相继开业，那段时间网吧里天天人满为患。王晓宇的班里也有不少同学经常光顾这些网吧，回到班里津津乐道网络游戏的乐趣，看他们谈得眉飞色舞，王晓宇决定找个时间去瞧瞧。

学校周边的网吧

　　几天后，王晓宇吃完午饭回到教室，正好班里的几个同学准备去网吧玩，就邀王晓宇同去。王晓宇没有半点推辞，兴奋地跟着去了。来到网吧，他们好不容易找到了空位子，赶紧玩了起来。起初王晓宇不会玩，经过同学的简单指点，他很快就入门了。

中午时间毕竟有限。王晓宇和同学们只玩了1个小时就急急忙忙地回到教室。下午上课时。王晓宇眯着眼睛打瞌睡，脑子里却在回放游戏里的情景。好不容易熬到了放学，王晓宇又在同学们的邀请下去了网吧。

就这样，王晓宇迷上了网络游戏，他放学后不回家，而是去网吧玩游戏。有时候熬夜玩游戏，为了骗过父母，就说去同学家讨论题目，在同学那里睡。

1. 网瘾背后的心理

（1）获得他人的认同。

青春期的青少年不但有强烈的好奇心和好胜心，还特别渴望得到同伴的认同。心理发育处于半成熟状态的青少年，往往不能正确区分事情的对错，在问及青少年为什么要玩网络游戏时，有些青少年的回答是："我也知道玩游戏耽误学习，可是如果同学们都去玩，而我不去，大家聊天时

游戏中的人物

我就插不上话，别人也不会理我。"

显然，这部分青少年渴望与同伴保持一致，希望得到群体的接纳，为了在同伴间建立起自己的地位，盲从地投入到网络游戏之中。

（2）盲目从众。

一些青少年觉得别人会玩网络游戏而自己不会玩就太丢面子了，或是本来不想去，但是同学邀他去就跟着去了。这就是典型的因为缺乏自制力而轻易从众的行为。

一旦投入到网络游戏中，青少年就会在网络游戏中为所欲为地放纵和发泄，陶醉于虚拟的成就感之中。虽然有时候青少年知道玩游戏上瘾对自己没好处，可是因为自控力差，想戒也戒不掉，于是陷入了矛盾的心理，时而会觉得惭愧、对不起父母，时而又在网络游戏里尽情放纵。这种矛盾的思想严重影响了青少年的心理健康。

2. 家长和老师的观点

不少家长认为，是网络游戏害了青少年，对此，一些学习成绩较好的学生表示："那些迷恋网络的学生，就是自己自制力不行，怎么能怪网络呢？如果没有网络游戏，他们同样会找其他的途径迷失自己。"一些老师认为："内因决定事物的发展，青少年的自控力是内因，网络游戏是外因。如果青少年能较好地控制自己的欲望，就不那么容易被网络游戏引诱。当然，网络游戏这一外因确实有很大的魔力。"

3. 学生们的观点

中学生杜锋说："离我们学校不到200米的地方，有好几家网吧，不少同学中午吃完饭就去网吧玩游戏，他们成绩本来不

错，但越玩越差。后来，他们都非常后悔当初太沉溺于网络游戏。"如果这些青少年的自控力强一点，就不容易被网吧吸引过去。即使被网吧吸引过去了，也能在最初的阶段及时控制自己。

　　青少年一定要提高自制力，强化意志力量，培养对奋斗目标的自觉性。做了决定，就要立即执行。决定不去网吧，就要坚决做到，不能说完就忘，或者坚持了一段时间又重复恶习。

七、长时间上网对身体产生哪些危害

　　学生张静品学兼优，在学校是班干部，学习成绩一直是学校的前三名。在家特别有礼貌，谁都夸赞她。可是自从爸爸买来了一台电脑后，她就对电脑着了迷，放学后再也不像以前先写作业了，而是先打开电脑找信件，天天盼着有人点击她的网页，浏览她网页上的内容。每天她总是兴奋地对同学们讲，昨天又有多少人浏览过她的网页了。看到网友在网上留言，夸奖她的网页好，够"大侠"水平，她高兴得手舞足蹈，情绪异常激动，无法控制，甚至出现严重的失眠症。

　　一次，张静在网上与网友聊天，突然电脑死机了，气得她猛拍电脑键盘，继而用水杯砸向电脑，把电脑显示器给砸坏了。爸爸看到这种情况，百思不得其解，就带她去一家医院检查，经过医生全面仔细检查，诊断是神经系统紊乱造成的情绪异常，属于心理障碍。

　　事实证明，长时间使用电脑会出现以下几种症状。

1. 人体伤害

　　脊椎发育不良，引起颈部疼痛，腰椎也会因受力不均产生变

形。另外还会出现视力下降、耳鸣、失眠等现象。

2. 精神伤害

莫名其妙地烦躁。学习打不起精神，爱发脾气，看什么都不顺眼，人情淡漠，精神呆滞，思维逐渐僵化、固执，反应迟钝，甚至出现爱钻牛角尖、顶撞、斗气的现象。有时还表现出意志消沉、对其他事情没有兴趣，严重的还会出现电脑依赖，对电脑充满幻想与希望，对现实生活失去信心，发生逃课、离家出走、自杀等悲剧。

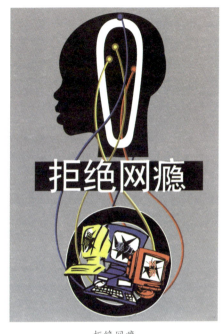

拒绝网瘾

严酷的事实告诉人们，使用电脑必须适度、科学、劳逸结合，必须要在保证身体健康的前提下使用。学会克制自己，不要把大量的时间耗在玩电脑上。

八、网瘾会荒废学业吗

45岁的湖北市民张某在网上给朋友留言，并称自己想要自杀，于是朋友赶紧拨打110。当民警赶到张某所居住的三楼时就已经闻到了一股刺鼻的煤气味，于是，民警立即将电源切断，火

源消除以后进入了张某居住的地方。当时的张某已经陷入了昏迷的状态。幸亏民警赶来的及时，才救下了张某的性命。

原来，张某和妻子离婚以后便一个人抚养儿子。儿子考到武汉某大学读书，为了陪读，张某便在武汉租了一套房子。后来，儿子突然之间迷上了网络，染上网瘾以后常常夜不归宿，耽误了学习。张某对此劝说过许多次，可是儿子从来不听，这让张某感到绝望，于是他就想到了自杀，希望自己的死可以将沉迷于网络的儿子唤醒。

生活中这样的例子有很多，许多人在沉迷于网络世界以后逃离现实。因为在网络里面对的只是一个虚拟的世界，这与我们所处的现实世界有很大的不同，它不仅提供学生们各种各样的信息，而且也为人际交往留下了广阔的空间，更重要的是，在这里不用承担现实生活中的责任与压力。

战胜网瘾讲座

正是由于网络的这些特点导致一些学生总是流连于此，将自己大部分的时间与精力用在网络上，使正常的生活与学习受到了很大的影响，有的甚至还会荒废学业。

学生的主要任务是学习，适当的上网有利于促进学习，我们谁也不能否认这一点。以前学习查阅资料只能从书上找，可是现在不一样了。只要你输入自己想要找的信息，几秒钟之内就可以找到答案，从这个角度来说，上网有利于学习，但是如果过于沉迷网络，整日泡在网络上聊天、打游戏，势必会消耗自己很多的精力。青少年时期是学习文化知识最宝贵的时期，如果把宝贵的时间浪费在网络上，从而影响自己的学业，那么必将留下永远的遗憾。

九、两名青少年沉迷网络的结局

网络游戏又称"在线游戏"，简称"网游"。指以互联网为传输媒介，以游戏运营商服务器和用户计算机为处理终端，以游戏客户端软件为信息交互窗口的旨在实现娱乐、休闲、交流和取得虚拟成就的具有可持续性的个体性多人在线游戏。

1. 天津小男孩为什么自杀

天津市13岁的男孩陈东长期沉迷于网络游戏，他一直把自己想象成了游戏中一个无所不能的英雄，甚至以游戏为背景写了一本8万字的小说。深陷网络世界中不能自拔的陈东无法承受现实世界的压力。一天早上，他留下4封遗书后跳楼自杀。

他在小说中写道："我又一次来到了第一次死亡的地方，天使憎恶我，塞娜也不愿见我。我被审判，打入地狱，希望我能复

活。可是我知道我罪孽深重，我得到了我应有的惩罚。人生本不该如此。"

青少年一旦沉迷于网络，就会出现网络成瘾综合征这种心理障碍，出现一种心理冲突，既想戒网瘾却又身不由己。有的青少年甚至会在矛盾、自责、痛苦中走上极端。

2. 花季少女因沉迷网游而离家出走

小丽是一个在游历网络游戏世界中，不断向顶峰级别疯狂冲刺的女孩。她极度渴望从网络游戏中证明自己的实力，证明自己是永远的第一。

网络再美好也不是一个真实的世界

小丽有着优越的家庭背景，父亲是市某局级单位高层干部，母亲是一名教师，居住在静安区高档住宅楼中，原本小丽还就读于市重点中学高二年级。或许在其他花季少女心中，小丽的生活可谓事事顺心、样样通达。

小丽中考成绩是班级排名第三，但后来因为自己喜欢打游戏、上课睡觉，高中考试成绩一下子跌落到倒数第二，这让她感到很失落，随后又和老师起了争执，便不去上课，在家里专修游戏。现在的她对学习感到厌烦，不再想回到痛苦的高中生活，喜欢和网络中的游戏伙伴结队冲级。小丽高二时遇到了较大的挫折，引以为傲的学习成绩一落千丈，然而父母、老师更多的是指责、教训她，这深深损伤着小丽的自尊心，加深了小丽对学习的消极态度，从而到网络中寻求自己的骄傲。

小丽陷进了虚拟网游漩涡中，对网络游戏的依赖与沉迷，使她三餐不食，不出房门，日益消瘦，美好的青春被她消耗在网游中。小丽的父母曾经选择过教训、劝导、强制等方法企图使女儿有所转变，但小丽以离家出走来对抗父母的管束。父母感到束手无策，对女儿充满了担忧、失望，渐渐地也开始习惯她每天沉浸游戏世界的状态了。

网络游戏为青少年创造了一个美好的空间，在这里没有学习的压力，也没有父母的唠唠叨叨。虽然这个空间十分美好，但毕竟是镜花水月一场虚幻。青少年通过网络游戏调节心情，释放压力是不错的选择，但如果把网络游戏当成了宝，整日沉浸其中，最终只会使自己与现实社会渐行渐远。

 十、青少年如何摆脱网络游戏的束缚

网络游戏（含手游）让青少年沉迷其中，欲罢不能。有没有好的方法能帮助青少年摆脱网络游戏的束缚呢？

1. 提高认识，自觉抵制

电脑和手机给人们带来快乐与方便的同时，也会给人们带来痛苦与疾病。专家预见，"电脑病""手机控"是21世纪威胁人类的又一大杀手，如果不引起重视，将会给人类造成灾难。健康专家分析，当人连续使用电脑1个小时以后，就会出现不同的症状。中小学生要提高思想认识，看清其本质。一旦对网络游戏上瘾，就会使人像吸食精神鸦片一样，丧失人格，没有了理性，没有了法制约束，没有了人与人之间的真诚，甚至会使有的人为了钱丧心病狂地图财害命，最终把自己送上刑场。

网吧里的孩子

因此，在思想上首先要铸起牢固的防线，提高辨别是非的能力。

2. 认清危害，痛下决心，早日回头

"电脑病"具体危害是什么呢？答案是损害身体健康。由于长时间坐着，造成脊椎发育不良，引起颈部疼痛，腰椎也会因受力不均而产生变形；中医认为，久坐则气滞，肠胃功能就会下降，出现不思饮食、消化不良、便秘等现象；由于筋骨长时间不伸展，关节会出现僵硬与酸痛，浑身也会感到不舒服；由于脑部供血不足，会引发耳鸣、视物模糊等异常现象；脚及小腿常有麻木感，这是由于末梢血液流通不畅造成的结果。对迷恋网络游戏问题，青少年要早日警醒，知道学生的主要任务是什么，坚决远离低级趣味游戏。

让学生认识到沉迷网游的危害

3. 对心理健康不利

长时间在电脑上玩游戏和手机上玩游戏，严重损害心理健康。事实证明，长时间使用电脑和手机，会出现莫名其妙的烦躁，做事打不起精神来，爱发脾气，看什么都不顺眼，人情冷漠，精神呆滞，思维逐渐僵化、固执，反应迟钝，甚至出现爱钻牛角尖、顶撞、斗气等现象。有时还表现出消沉，对其他事情没有兴趣，严重的还会产生依赖症，对电脑和手机充满幻想与希望，对现实生活失去信心，引发逃课、离家出走、自杀等悲剧。请远离电脑游戏和手机游戏，让自己的心灵轻松起来。

4. 劳逸结合，张弛有度

严酷的事实告诉我们，使用电脑必须要有度，必须要科学，注意劳逸结合，必须要在保证身心健康的前提下使用。学会克制自己，不要把大量的时间耗在电脑上。连续使用电脑时，最好是每隔30分钟就到户外活动8分钟，呼吸新鲜空气，伸展一下身体各部位，调解一下紧张的神经。同时，需要经常做眼保健操、颈椎操、手指与脚趾操。

5. 激发自尊心，把精力投入到学习上来

迷恋网络游戏，就是放纵自己，使自己消沉，对自己的前途丧失自信心。因此，要经常回忆亲人、老师和同学的爱，回忆童年的幸福生活，唤醒自己的意识，及时回归到正常生活中来。还要树立报国之志，加深奋斗意识，知道为谁所学，就会产生无穷的、健康的、积极向上的原动力。

十一、青少年到网吧上网有什么危害

一些网吧外面总是放满了自行车。进到网吧里面，人头攒动，几乎所有的电脑都被占用了，有的时候还会几个人合用一台电脑。电脑的画面上绝大多数都是一些电影和游戏，上网聊天的人却很少。玩游戏的人多是一些青少年，上网聊天的人的年龄会稍微大一些。部分人玩游戏的时候不时发出怪叫声，十分活跃。再看网吧外面墙上挂的警示牌，写着：不满18周岁者严禁入内。可是看一看来这里的人，未满18周岁者不少。

学生陈某，由于网络游戏成瘾，骗老师说自己转学，以后不来学校了，对父母谎称学校举办了一个培训班，培训费需要500

豪华的网吧

元。从此，陈某就再也没有去学校读书，白天上课的时间他直接去网吧，等到放学的时候他才回到家中。这样的日子一直持续了一个月。后来老师看到陈某的父母后问陈某转到哪一所学校去了，父母这时才恍然大悟，但为时已晚。陈某由于一个月没有上课，耽误了课程，要想赶上很难，只能留级了，但是学习成绩怎么也上不去。

现在对于网吧，政府有各种各样的规定，但是在经济利益的驱使下，一些网吧老板对这些规定熟视无睹。比如禁止未满18周岁的人上网，可是到网吧里一看，超过18周岁的根本就没有几个；12点以后不准再营业，可是有哪个网吧不是通宵营业的？青少年没有钱的时候，有的网吧老板还会鼓励他们从家中偷钱，看到这些青少年进黄色网站也是不闻不问。要知道，只要多上一分钟的网，网吧就可以多得一分的利益。除此之外，青少年经不起诱惑，自制能力差，父母管理不严，社会的约束力不强等都是青少年去网吧的原因。

1. 伤害青少年身体

长时间在网吧上网会导致过度疲劳，加上空气不流通，人员密度大，食品味、汗臭味、烟味等百味俱全；脏话声、机器声、打闹声等不绝于耳。再加上网吧电脑多，显示器与主机箱离得很近，从而产生大量的强辐射。显示器的辐射极易引起近视，使皮肤缺少水分，变得干燥，生出斑点；主机箱的辐射则会严重损伤人体的内脏。上网的时候往往会保持一个姿势，导致身体血液循环不畅，不利于进行有氧呼吸，甚至还会患上腰椎病、颈椎病等。青少年正处于生长发育的重要阶段，若是不知劳顿、不分昼夜地长时间泡网吧，对身体的危害不亚于毒品。

2．毒害青少年思想

有些网吧没有设置不良信息过滤器，因此各种不良信息会在青少年不经意的鼠标点击下跳出来或自动跳出来，若是青少年对其是否健康不能够辨别，那么这些不良信息就会毒害青少年的思想。网吧环境复杂，形形色色的人在此出入，心灵单纯的青少年极易误入歧途。

3．危害青少年行为

俗话说："近朱者赤，近墨者黑。"青少年正处于心理"断乳期"，心理上还不成熟，极易受到外界影响，对不良行为进行效仿。看到他人做什么，自己也会学着做，包括外形、不良嗜好、服饰、动作等。青少年在效仿的时候对此很少加以分辨，有时候不管是好是坏都会照单全收，最常见的有：讲脏话、打架、不良卫生习惯、抽烟等。

4．改变青少年性格

在网吧消费的青少年没有经济收入，由父母来供应自己的衣食住行，特别是父母离异的人，由于缺少父母的关爱和教育，从小跟祖辈们一起生活，这些人极易养成颓废消沉、刁蛮任性的性格，变得对社会充满敌意，对人生没有信心。当没有资金上网的时候，就会采用抢取财物的方式，走上犯罪道路。

 十二、如何成功地摆脱网瘾

互联网的迅猛发展和普及对青少年有着积极的一面，网络已成为青少年学生学知识、学本领、交流思想、休闲娱乐的重要平台。但是也必须清醒地认识到：青少年沉湎于网络，会对其学业、健康和思想造成巨大的危害。

中国社会科学院媒介传播与青少年发展研究中心的一项调查表明，1998年经常上网的青少年不到10%，只有3%以上的青少年选择去网吧。之后的两年在北京、上海、广州这些大城市，有10%～15%的青少年去网吧，人数增速惊人。其中一些网吧见利忘义，还专门对青少年优惠，诱使青少年对网络上瘾而不能自拔。

被取缔的黑网吧

1. 青少年沉迷网络危害大

一位专门研究少儿心理学的专家表示，青少年心理和生理都处于发育高峰期，这时候的青少年有以下特点：敏感而脆弱，且好幻想；努力争取独立又独立不了；往往用幻想代替现实，这样网络的虚拟性便给了幻想一个空间。迷恋上网的青少年会经常出现情绪不稳定，不能自我控制，注意力不能够集中，甚至会导致抛弃现实生活。被网吧吸引的青少年大多处于青春期发育之中，对新事物的渴求往往容易使之走向极端。

精神卫生专家认为，网络世界对青少年具有强烈的诱惑力，长时间沉溺其中肯定会带来危害。如导致人际交往、社会适应能力下降、情绪低落、思维迟缓、孤独、焦虑、食欲缺乏、自主神经功能紊乱、睡眠障碍，甚至产生自杀的消极倾向。

很多青少年沉迷网络游戏后，难以承受游戏需要的费用，于是就去偷去抢，久而久之发展成了犯罪。此外，网上色情凶杀内容横行，侮辱欺诈不断，致使一些青少年，特别是学生网民难以抵御网上的诱惑，嗜网成瘾，甚至浏览黄网，通宵达旦，逃学旷课，严重影响了学习精力和身心健康。

2. 如何摆脱网瘾

所以，同学们，特别是"学生网民"要进一步端正对网络的认识，强化自律意识，提高自我保护能力。那么，如何才能摆脱对网络的沉迷呢？

（1）明确网瘾的危害。

充分认识沉迷网络的危害性，强化自律意识，提高自我保护能力，真正做到按全国青少年网络文明公约的要求健康上网。

（2）做生活中的强者。

我们应该树立远大的理想，在理想的激励下，积极向上，在生活中寻找自信。当我们在生活中真正显示出英雄本色的时候，我们就能摆脱对网络的心理依赖。

（3）感受多彩的生活。

多参加有意义的文体娱乐活动，充分调动你的潜能，施展你多方面的才华，从而带给你真实的自信，体验真正的成功。当你认真去感受生活中的多种乐趣时，你的世界就不再受限于网络。

（4）用毅力战胜魔力。

当你已被网络的魔力套牢时，你需要用毅力来战胜游戏的魔力。请记住，你是唯一真正能解救自己的人。

第四章　揭开网络世界的骗局

一、如何提防广告赚钱骗局

或许很多青少年在论坛或者是QQ群里看到过这样的宣传推广语："在家上网点击网络广告就可赚钱。"事实证明，这是一场精心布置的骗局。

网络骗局

1. 小沈的被骗经历

有这样一件案例：在2010年8月初，小沈在重庆的街头看到有一个叫作"香港艺涛时尚杂志"的网站在做宣传。宣传员称这是一家新网站，主要从事网上高档服装交易，需要业务员，只要在一天之内点击30次网站上的高档物品就有工资可拿。听到这些后小沈心动了，当她把自己想要加入的愿望说出来以后，宣传员称需要缴纳会员费456元。小沈认为会员费也不多，只需要两个月就可以拿回来，所以就交了。

当小沈交完会员费以后就回家上网了，在她看来，上网是非常简单的事情。公司每半个月发一次工资，18日那天她拿到的工资是135元。她感觉特别开心，于是又买了4个账号。她觉得很快就能赚到更多的钱。就是在这种想法的促使下，小沈已经投入了2000多元钱。在9月初的时候，小沈拿到了工资675元。此时的她兴奋不已，她觉得只要能买更多的账号，就可以赚更多的钱，所以花了30 000元买了60个账号，等到9月18日发工资的时候，她拿到了8000元钱。尝到甜头儿的小沈又用20 000元钱买了45个账号，于是她成了一个拥有110个账号的大会员。

每个账号每天需要点击30次，110个账号每天就需要点击3300次。所以，自从她成为会员之后，几乎每天都在网上，等时间长了，感觉身心俱疲。但是想到能拿到那么高的工资，小沈觉得也值了。

终于到了10月3日发工资的那天。小沈来到公司，她发现公司已经倒闭了，老板已经不明去向。再次上网的时候，小沈发现网站已经变为了一个智能建站平台，高档服装页面已经没有了。此时，她才真的意识到自己被骗了。

2. 提防网络广告赚钱诈骗

自从"世界通"传销组织被成功捣毁以后，通过点击广告赚钱这一新型的网络诈骗模式也暴露了出来。事实上，在国外点击广告赚钱是一种真实有效的网上赚钱方式，可是这种模式进入到中国以后发生了变化。首先是出现了"世界通"等先收费加入后点击广告赚钱的模式，并利用传销推广的形式加以发展。

加入会员时需要支付一定的费用，如手机软件费用、空间费用、域名费用等。会员付费以后往往纯靠点击广告，可能需要一年的时间才能将自己支付的费用赚回来。所以，会员为了让自己在更短的时间内把成本赚回来，就会介绍自己的朋友加入。点击广告赚钱这一模式采用的是多级推广的形式，即传销的推广形式。可见，他们并非让会员点击广告赚钱，而是发展传销的另一种手段。

其实，国内确实有点击广告赚钱的项目。青少年要想分辨真正的赚钱项目和骗子，第一要看是不是收费。因为绝大部分的骗子都会利用收费的方式骗钱，之后会发展传销。另

网络诈骗防不胜防

外，同学们还要看该网站的历史。通常情况下，具有3年左右以上历史的站点的信誉是比较好的。若是建站刚刚几个月，这时同学们要小心了，因为它极有可能是欺诈网站。

总而言之，青少年要预防骗子，切忌贪小便宜，网赚同样需要付出努力，并非白给的。如果一个项目不需付出太多努力且待遇极好，这极有可能是个骗局。除此之外，青少年需要具备一定的网络知识，学会识别站点的好坏。

 二、常见的网络诈骗手段有哪些

网络骗术，是指通过网络手段散发信息，寻找诈骗的目标，并利用网络来实施诈骗钱财的行为。互联网的发展既带来了无限的商机，同时也潜伏着各种陷阱。这些陷阱的隐蔽性很强，使网民防不胜防。尤其是青少年，由于心地单纯善良，极易成为骗子的目标。因此，同学们有必要了解一下网络诈骗的手段。

1. 中奖骗局

虽然同学们都知道天上不会掉馅饼，但是当事情发生在自己头上的时候，一些同学难免会抱有侥幸的心理，盼望自己真的可以得奖。其实，这种中奖骗局的目的无非是骗钱。所以，同学们不要被骗子的诱饵冲昏了头脑。

面对诱惑要谨慎思考

2. 网络交友诈骗

许多学生都很喜欢在网上交友。青少年社会经验少，因此很容易被骗子的风趣以及才学吸引。当双方聊得越来越投机的时候，骗子就会向学生诉苦，这样一来，一些学生会主动提出帮助，等骗子把钱拿到手以后就会消失，接着会再换网名，继续用相同的手段来欺骗其他人。还有一些骗子会提出见面，同学们切忌单独和网友见面，可以由父母或者可靠的朋友陪同，并要把见面的地点选在自己熟悉的地方，不要接受对方给你的饮料或者食物。

3. 幸运邮件骗局

这一类型的诈骗主要是利用团体内部成员对专业性团体、种族以及宗教的信任而实施的诈骗行为。在信中，骗子会要求学生寄出数额较小的钱给邮件名单中的人，如此一来就可以享受幸运，否则就会发生不幸。如果你认为把自己的钱寄给其他人，其他人也会寄钱给你，那你就大错特错了。

4. 定金、预付款诈骗

一些不法分子会在网上开骗人的网店，网上承诺十分好，网上的电话、地址等信息十分详细，同时还把公司的网页做得很精美，从而给人很正规的错觉，实际上却是一个骗局。这些人通常会用虚假的东西来博得学生的好感，从而骗取定金或者预付款。

5. 付费广告骗局

现在网上有许多付费广告，可是广告的点击率往往不高。一些站长为了提高广告收入通常会将这些广告的链接改为一些吸引人的文字，然后用邮件的形式发给其他人。若是学生感兴趣，想要看看这些链接到底是什么，则在看的同时就为其他人赚了钱。

6. 网络求助诈骗

人与人之间互相帮助本来很正常，可是一些居心不良的人却利用了这一点。他们往往会在网上写一封感人的求助信，之后再用群发系统到处散发。如某某成绩优异，但是由于家境贫寒不得不辍学，急需大家的帮助；某某得了白血病……学生本就天真善良，看到这样的信息以后通常会慷慨解囊，如此一来便掉到了他们精心设置的骗局里。

除了上面所说的六种诈骗方式以外，网络诈骗的方式还有很多，如网络传销骗局、"无风险投资"诈骗、出书骗局等。网络具有虚拟性的特点，因此骗子实施完诈骗以后很难被人找到。为

聊天骗局

了免受网络诈骗的伤害，青少年要小心谨慎，增强防范意识，不要被网络骗子的骗术蒙蔽了眼睛。

 ### 三、如何防范网络骗子

近年来网络越来越普及，已经成为很多青少年生活中不可分割的部分。在网上青少年可以做很多事，比如网上购物、网上冲浪、网上聊天等。诸如此类，极大地丰富了青少年的生活。然而，网络在给人们生活带来了极大便利的同时，也带来了许多以前没有过的风险。

1. 网络骗子的目的

网络骗子就是在互联网时代滋生出来的犯罪群体，他们借助网络这个平台，在网上骗取别人的电子邮箱等信息，然后向其传播病毒，可以从别人那里骗出网络账号、信用卡账号和密码，然后盗用其钱财。

2. 防范网络骗子的方法

为了打击日渐猖獗的网络骗子，一些相应的措施也纷纷出台。例如，Yahoo（雅虎）和AOL（美国在线）制定的规则中都明确提出保护个人隐私，不许张贴他人姓名、住址、电话、照片等，不许在网上向18岁以下者套取姓名、住址、电话、学校名称等个人信息，但毕竟网络对于此类犯罪的管理仍不完善，我们也必须学习一些防骗，不给他人可乘之机。

网络团伙诈骗

防范网络骗子有如下几种有效的方法：

（1）不要提供个人资料，如姓名、电话、地址、家中成员等。除非取得父母的同意，否则千万不要在网络上留下真实姓名、电话、住址、父母的职业及就读的学校等基本资料。

（2）绝对不可随便把父母信用卡账号放在网络上，或者把自己的网络账号密码给予他人（包括自己的朋友）。

（3）如果网友问及自己或父母信用卡及银行账号，千万不要透露。必要时终止谈话并告知父母。

（4）如果要利用网络订购相关软件或物品，一定要经过父母的同意。

（5）安装杀毒软件，不打开来路不明的邮件，不点击突然出现的图标，并及时告知父母，以免泄漏自己的信箱、账号而遭到黑客攻击或病毒侵害。

网络骗子虽然气焰嚣张，骗术多变，但只要同学们提高自身的防范意识，再熟悉一些常用的防骗知识，要识破他们的骗术还是很容易的。

 四、常见的网络游戏诈骗形式有哪些

近年来，随着网游产业的发展，针对虚拟网络游戏的诈骗案件也越来越多。当青少年享受虚拟世界带来的快乐时，一些财迷心窍、用心不良的黑手也正在慢慢接近。

2011年9月23日，韩国首尔银平区警察局以欺骗青少年并盗用其家长的名义购买文化商品券后再把它换成现金等嫌疑逮捕了年仅17岁的金某。

金某从6月份开始，连续两个月针对网络游戏《地下城与勇士》的学生玩家实施诈骗行为。金某以代练升级的方法来获取学生玩家父母的身份证号码和手机号码等信息，接着再用手机的小额支付购买文化商品券，最后再把它兑换为现金。利用这样的方式，金某共作案350多起，而且作案的金额高达2300万韩元，折合人民币13万元。由于绝大多数的学生在游戏中有很强的攀比心理，金某正是利于了这一点，轻易得到学生父母的手机交易验证码。

较为常见的网络游戏诈骗主要有以下几种方式。

1．低价售物

骗子在购物平台或在游戏中以低价销售装备及游戏币为名，获取玩家的信任，之后再让玩家用银行转账或汇款的方式付款。骗子收到钱款以后就会马上消失。网游（含手游）诈骗形式中发生率最高的就是这一类型的案件。

2．升级代练

骗子会在网游（含手游）中发布虚假广告，并告诉玩家自己可以低价代练升级装备，以此来得到玩家的游戏密码，并让对方先行支付一部分费用，等到玩家汇款以后，骗子就会把对方的游戏币、装备洗劫一空并马上消失。

3．李代桃僵

玩家在与骗子谈好交易内容时，骗子会先让玩家看一下正品，以使玩家放松警惕，接着再用重复和延迟交易的方式来消磨玩家的耐心，并找种种理由来让玩家放松警惕。一般的借口是×××来电话、游戏掉线、游戏总卡等，甚至有的骗子会同时用几个号与玩家聊天，扰乱玩家，当玩家变得急躁时，警惕心也会跟着放松下来，这就为骗子更换交易物品提供了机会。

4．感情欺骗

骗子会想尽各种办法接近玩家，花大量时间来博取玩家的信任，嘴上就像涂了蜜一样叫玩家"大哥""老大""师傅"，获取信任以后就会提出帮玩家练级，并替玩家做这做那。起初的时候还好，逐渐玩家就会发现自己的装备不断减少，不久之后，骗子就与玩家变成陌生人。

网络代练已经形成一种产业

🐟 5. 冒名顶替

骗子起的网名故意与玩家的好友相似，如在好友网名上加空格或者其他符号，并将账号的几个字换一下顺序，玩家如果不注意就看不出破绽，误把骗子当成自己的朋友，并把自己游戏中的物品"借"给对方，这样一来，玩家的财产就有去无回了。

🐟 6. 买卖账号

骗子会用高价将玩家的游戏账号购买下来，一旦博得了玩家的信任，骗子就开始骗取玩家相关的身份信息，并把玩家的账号盗走。

🐟 7. 抛物快抢

骗子在交易的时候，故意告知玩家自己的计算机或者交易系统出现问题不能正常交易，要求把装备交给"中介人"（常为同伙）或者扔到"地上"进行交易，之后哄抢。

　　青少年不要沉溺于网络游戏，不要轻信在网络上认识的陌生人；虚拟游戏装备交易最好选择同城当面交易，不要轻易向对方的账户上汇款；如果觉得对方可能是骗子，一定要立即停止汇款，否则会损失更多。同学们不要认为自己不会上当受骗，也不要认为骗子离自己很远，骗子可能就在你的身边。因此，青少年在玩网络游戏时一定要提高警惕。

 五、如何不被钓鱼网站"钓鱼"

　　钓鱼网站是指不法分子通过各种手段，利用真实网站服务器程序上的漏洞在站点的某些网页中插入危险的HTML代码，或者仿冒真实网站的URL地址以及页面内容，并以此来骗取用户信用卡或银行账号、密码等私人资料。它属于一种网络欺诈行为。

　　受骗者往往会收到含欺骗内容的消息。如QQ消息、电子邮件、短信……"钓鱼"网站的类型主要有：假在线购物网站；与QQ有关的钓鱼诈骗，如QQ秀、QQ中奖；网络游戏类；娱乐类电视节目；假火车票、机票预订，假航空公司，假旅行社等；股票黑马类；彩票分析类。

 1. 访问钓鱼网站有风险

　　如果青少年不小心访问了钓鱼网站，对其中的欺骗信息信以为真的话就有可能会受害，主要表现在：一是泄露个人的信息，如手机号、QQ号、邮箱地址以及与个人支付有关的信息；二是经济损失，一些人因为轻信自己中奖，而给骗子汇款，给自己带

来巨大的经济损失。

小越想要买手机充值卡，在百度搜索的时候，看到一个卖家的100元移动充值卡仅卖60元钱。于是，小越就想要联系对方，可是对方一直都不在线。小越想要通过商品详情页找到对方其他联系方式，正好看到对方留下来的另一个购物平台的网址，并注明这个网站的东西价格超低。小越想也不想就打开了对方留

网络钓鱼

下的网址，将自己的银行账号和密码输了进去，付款成功以后，对方却一直没有发货。几天以后，小越发现了一个非常严重的问题，自己的网上银行被盗了，里面的钱也跟着消失了。

像小越遇到的这种情况，实在是让人防不胜防。

2. 青少年防范钓鱼网站的方法

（1）查验"可信网站"。

同学们在网络交易的时候一定要养成查看网站身份信息的习惯。同学们可以通过第三方网站身份诚信认证来对网站的真实性进行辨别。现在许多网站都在首页上安装了第三方网站身份诚信认证——"可信网站"，有利于同学们判断网站的真实性。"可

信网站"验证服务，通过对企业工商登记信息、企业域名注册信息和网站信息进行严格交互审核来验证网站的真实身份，经认证后，企业网站就会进入到中国互联网信息中心运行的国家最高目录数据库中的"可信网站"子数据库中，从而使企业网站的诚信级别得到全面提升。同学们可以通过点击网站页面底部的"可信网站"标识来辨别网站的真实身份。

（2）比较网站内容。

假冒网站上的字体不仅模糊不清，而且样式也不一致。假冒网站上链接不全，同学们可以点击图片或栏目中的各个链接看看是不是能打开。

（3）核对网站域名。

通常情况下，假冒网站与真实网站之间有细微的区别，如果同学们有疑问，可以认真辨别它们的不同之处。例如在域名方面，假冒网站中英文字母"I"往往会被换为数字"1"，"CCTV"会被替换为"CCTV-VIP"或者"CCYV"这样的仿造域名。

（4）查看安全证书。

现在，大型的电子商务网站往往都应用了可信证书类产品，这些网站网址的开头为"https"，若开头不是"https"，一定要谨慎对待。

（5）查询网站备案。

利用查询网站域名备案可以得知网站拥有者的情况、网站的基本情况。对于没有取得电信与信息服务业务许可证的经营性网站或没有合法备案的非经营性网站，根据网站性质，会予以罚款，甚至还会关闭网站。

六、网上购物会遇到哪些问题

所谓网上购物是指通过互联网检索商品信息，并通过电子订购单发出购物请求，然后填上私人支票账号或信用卡的号码，厂商通过邮购的方式发货，或是通过快递公司送货上门。它是一种新型的购物方式。

网上购物的途径有很多，如B2B平台、B2C平台，以及独立的网络商城和团购网站……到目前为止，国内购物比较多的B2B网站有阿里巴巴、慧聪网等，C2C网站有淘宝网、百度有啊、腾讯拍拍……B2C商城有华强商城、天猫商城、亿汇网、京东商城……M2C团购网站有58同城、拉手网、美团网……垂直类商城有凡客诚品、玛莎玛索……S2C网站有95百货商城、同城购物……无论是

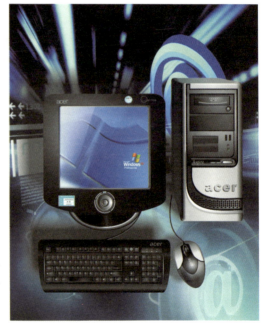

网络诈骗的成本非常低廉

哪种网上购物方式，都需要用户首先注册一个账号，然后再选购自己需要的商品，按照提示的操作流程操作。

国内的网上购物，一般付款方式是款到发货、货到付款。

那么，青少年在网上购物的过程中应当注意什么样的问题呢？

1. 优惠让利骗局

通常来说，网上商品会比商店里便宜一两折，但是如果某件物品一上市便是对折甚至更便宜，尤其是像电脑、数码相机这样的大件物品，千万不可掉以轻心，如果可能的话要多看几个卖家，做到货比三家，防止上当受骗。

对于那些打着"海关罚没"招牌的低价商品尤其要当心，当然，这是一个低价的好借口，但是往往是骗局，青少年一定要注意。

网上购物要擦亮眼睛

2. 买到假货

如果青少年自己或是家人要在网上购物的话，一定要看商家的正品保证，看看他们有是否有厂家授权书之类的保证，因为很多商家是没有信用保证的。所以，在交易之前可以看一下卖家的信用记录，或者是网上评价之类的。但是，这也无法避免有造假的嫌疑，所以查看时要注意卖家以往交易记录和交易金额的详情，避免与那些在短时间内通过很多件低档商品累积起信用度，而后突然改卖高档商品的卖家交易。如果发现之前这个人是卖服装的，现在突然转变为卖数码产品了，那就需要小心了。

被查处的假冒商品

3. 交易成功后商家要求换货

交易成功后，如果商家以各种理由要求将商品寄回进行更换，买家一定要保留凭证，如聊天记录以及退货后的快递单据。如果商家在规定的时间内没有解决这个问题，此时买家就可以诉诸网站，实施维权。

4. 未收到货，商家要求点击确认收货

不要被任何的理由说服自己在收到货之前点击确认收货。如果要点击确认收货，一定是在收到货之后。通常来说，正常的卖家是没有这种要求的。网购一定要关注交易时限，以免系统自动打款！如果卖家在规定的时间内还没有发货，可以申请退款。

5. 被诱入钓鱼网站

骗子在网络上发布超低价商品信息，诱使购买者点击链接进入虚假网站，同时填写个人信息资料和网银账户、密码，避开第三方支付监管进行支付确认。这种情况是非常可怕的，当买家付款之后，卖家瞬间就会消失，盗取客户网银账户、密码后转走所有存款。所以，青少年一定要提防这种情况的发生。

七、骗子如何通过QQ视频进行诈骗

近些年来，很多不法分子在境内外通过网络、电话和短信息来进行诈骗，各种各样的诈骗形式和手段也在不断变化，虽然警方加强了打击防范并通过媒体不断地宣传，但是一些新类型的诈骗案件仍然不时出现，想要克服这种情况，最主要的是要广大市民自己提高防范意识。在这里需要特别提醒的是，QQ视频聊天中，虽然画面上是自己认识的朋友，但真正跟自己聊天的人可能不是好朋友，而是另有其人，甚至是不法人员。在现有技术条件下，做到这一点并不难。在进行视频聊天时，当涉及金钱、财物和个人隐私、各类秘密等方面的内容的时候，一定要特别谨慎，如果可能的话，再通过一些其他的方式进行确认，如电话、电子邮箱和其他网络聊天工具。如果对方要求直接转账，也要提高警

QQ是网络诈骗的常用工具

惕。如果是一个支付平台，则需要注意平台的信誉度，这样可以
到备案中心查询。

有这样一个例子：老张的儿子在外地上大学，学的是设计
专业，一台好电脑是必不可少的。他和老伴早就把电脑钱给准备
好了，考虑到让他把钱带在身上不安全，所以就想着给他把钱打
过去。

因为离家比较远，老张又舍不得给儿子打长途电话，所以就
用QQ与儿子联系。过了一段时间以后，老张的儿子在QQ上给
他留言，说是要和同学一起团购电脑，钱必须得打到一个同学的
账户上才行。看到儿子在QQ上说了电脑的事，老张没有任何怀
疑，当天就把钱打过去了。儿子离家时说电脑大约5000元，现在
却要走了6000元，老张还好奇地问了一声，怎么这么贵，那边给
老张回话说，是因为配置高。

没过几天，老张的儿子给爸爸打来电话，想要买电脑的钱。老张顿时摸不着头脑，询问儿子是否曾通过QQ要钱，儿子却说最近很忙没怎么使用QQ。这下老张才反应过来，自己被骗了。

被骗后，老张心中一直有一个疑问，为什么骗子会知道他的儿子要买电脑呢？

在庭审过程中，老张得到了答案。原来，犯罪嫌疑人小李通过网站，学了很多有关木马和远程盗号的知识，并成功盗取了很多学生的QQ号。

小李缺钱时就会和这些QQ号中的一些好友联系，并且说的都是一样的话。他猜想学生最需要的就是电脑，所以就以买电脑作为要钱的借口。

在行骗过程中，大部分人都马上识破了小李的骗局，只有少数人和他搭话。老张的儿子将QQ好友都改了名，却把爸爸的称谓作备注，小李见是个好机会，没想到真的成功了。

可见，骗子的骗人手段高明，但也漏洞百出。可是，如果不多想的人是根本考虑不到的。

如果无法直接与对方取得联系，那么可以通过第三方进行询问。

在聊天的过程中，如果无法确定对方是否为骗子，可以通过与对方聊以前的事情来进行辨别，如果对方支支吾吾，无法回答，甚至是直接离线，那很可能就是骗子。

八、青少年为什么容易上当受骗

近些年来，以青少年为对象的网上诈骗案例越来越多。尽管诈骗的行为有许多形式，但是却有一些共同的特征。只要同学们

能够把握这些特征并予以防范，就不会误入对方的圈套。通常情况下，骗子之所以能够轻易得手，关键在于学生具有幼稚或者不良的心理意识，如幼稚、不作分析的怜悯和同情、易受诱惑、易受暗示、麻痹、轻信、轻率、缺乏责任感，贪占小便宜、虚荣、好逸恶劳等。骗子正是利用了学生的这些心理特征，博取学生的信任，从而实施诈骗行为的。

1. 缺乏社会经验，思想单纯

青少年在网上经常会结识一些同学的同学或者朋友的朋友等。其中有真有假，由于许多青少年没有刨根问底的习惯，不对事情进行分析，轻易相信他人，这让不法分子钻了空子。

2. 易感情用事

学生从小接受的教育就是助人为乐。这让青少年对落难个人或者弱势群体充满同情心，不法分子往往会利用这一特点，编造很多感人的故事，以此来博取学生的信任，从而达到诈骗的目的。但是，若是同学们不假思索地去帮助一个相识不久的人或者陌生人，是极其危险的。许多学生就是凭着这种不作分析、盲目的怜悯、同情之心，帮助那些"落难者"，被对方的花言巧语蒙蔽，给予对方帮助，自以为做了一件善事，却不知道自己已经掉进了对方的陷阱里。

3. 有求于人时疏于防范

每个人都有求人的时候，求人的关键在于要对对方的身份和人品有所了解。有的学生在有求于人且有人愿意帮助自己的时候，通常会急不可耐，放下戒心，粗心大意。这个时候，无论对方提出什么要求，青少年都会想方设法满足对方的需求。最后，学生不仅没有得到帮助，反而吃了大亏。

不要相信天降横财

4. 贪小便宜的心理在作祟

贪图小便宜是青少年的一大心理特点。许多不法分子之所以能够屡屡成功，正是利用了学生的这一心理。学生通常会被不法分子开出的"利益""好处"吸引，自作聪明地认为自己以最小的代价得到了最大的利益与好处，对不法分子的行为不加分析和深思，也不进行深入的调查研究，结果往往是"丢了西瓜，捡了芝麻"。

 九、网上假明星骗局如何不中招

受流行文化的影响，许多同学热衷于追星。与一般人群相比，青少年的崇拜心理更强，与明星见面、合影也许是很多人的梦想，而许多骗子正是利用了学生的这一心理行骗。

山寨网上银行频繁出现，客户受诈骗，银行受牵连

认清网络骗局

1. 骗子设假明星骗局

韩国艺人奉泰奎出演了《偷情家族》后获得"青龙奖"最佳男配角提名。网络上假扮明星行骗的事情越来越多，奉泰奎成了其中的一个受害者。

原来有一个网民利用奉泰奎的名义开设了一个个人网站，之后就开始以奉泰奎的名义和女网民聊天，同时提出交往。在交谈的过程中，该网民设法使女网民相信自己就是奉泰奎本人，之后就提出见面。

女网民恐防有诈，于是在赴约的时候带上了自己的朋友，结果等了好长时间也不见"奉泰奎"出现。女网民这才知道自己遇到了骗子。

2. 防范假明星骗局的方法

通常情况下，网络上的假明星骗局主要有两种，一是像上述案例一样，骗子冒充明星本人；还有一种则是骗子谎称自己和明星有着某种关系，可以帮助学生与自己崇拜的明星见面。

骗子的目的主要是骗财、骗色。因此，如果青少年在网上遇到了明星，一定要擦亮自己的眼睛，辨别真假。对此，同学们可以这样做。

（1）莫热衷于追星。

如果同学们与明星见面的愿望十分强烈，那么，骗子很有可能会利用这种心理实施诈骗行为。

（2）不要只看"头衔"。

不能被"某明星""某歌星经纪人"的头衔冲昏了头脑。

（3）多问几个"为什么"。

不管是在现实生活中还是在网上，若有人承诺可以让你和自己喜欢的明星见面，应该问自己：自己与这个人不认识，他为什么要帮助自己？他是否真的可以让自己与明星见面？遇到这种情况时，青少年应该问清楚对方的工作单位，之后再打电话看看对方说的是否属实。若是对方提出与钱财有关的问题，同学们就没

有必要考虑了，因为他们一定是骗子。

（4）与钱有关的应谨慎。

谨慎购买网络上出售的与明星有关的商品。如果有消息称，只要你寄给他多少钱，他就可将你喜欢的明星的签名海报寄给你，你一定不能轻易相信，因为这极有可能是一个骗局。可能当你寄出钱以后，你也收不到对方承诺给你的签名海报。

（5）请他人协助。

如果有人打着与明星见面的旗号约你去一个陌生的地方，一定不能去，而且要马上把这件事情告诉家人或者其他可以信赖的人，他们会帮助你判断。

绝大部分学生都会经历追星这一阶段，青少年热衷追星的心理极易被不法分子利用。因此，同学们一定要提高警惕，谨防上当受骗。

十、上当受骗的人有哪些心理共性

每个人心里都有一些最关心的问题，然而关心则乱，人们有时会因为着急而失去理智。例如，许多人都爱财，有一些骗局利用的就是人们对自己钱财的关切心理；称亲属在外突发疾病急需用钱，利用的是对亲人的关心；有的人具有很强的好奇心，对于骗子的话虽然持怀疑的态度，但十分想要知道究竟是怎么一回事，如此一来便给骗子制造了机会。

1. 受骗者的心理共性

（1）贪心。

这是很多上当受骗者的心理共性。骗子往往会以一些小利益作为诱饵，喜欢占小便宜，总想不劳而获、一夜暴富的人极有可能会上当受骗。因此，同学们一定要克服自己的这种心理。

（2）轻信他人。

轻信他人是青少年容易上当受骗的原因之一。其实，善良并不是错，但是在这个基础上同学们一定要保护好自己。由于学生的警惕性很差，对于骗子的伪装常不能够理智、冷静地做出分析和判断，而信以为真。

网络上不要轻易相信他人

（3）侥幸心理。

一些学生在发觉情况可疑，依据自己的经验认为有可能会上当受骗，可是总认为这种事情无论如何也不会发生在自己身上。总是抱着"万一是真的呢"的想法，如此一来，很容易就会走进骗子的圈套里。

（4）犹豫。

有些青少年在做事情的时候总是优柔寡断，听到一个人这么说会认为有道理，听到另外一个人那样说也觉得不错，这样的情况极易被骗子利用。因此，青少年应该培养自己果断的作风。

（5）从众。

许多学生都有这样的心理。如果青少年自己一个人处在某种环境中，也许会有很高的警惕性，很难上当受骗。但若是与其他人在一起，就会认为比较安全，看到其他人如何做，自己也会跟着做。许多骗局中都会有"托儿"，"托儿"发挥的作用不容忽视，他们利用的就是学生的从众心理，从而使你上当受骗。

2. 青少年建立防骗心理防线

骗子的招数多种多样，总是让人防不胜防。为了避免上当受骗，同学们应该从加固自己的心理防线着手。

网络陷阱多数以财富来诱人

首先，同学们要知道天上不会掉馅饼，切忌对不义之财动心，以免因为贪小便宜而吃大亏。

其次，遇事的时候要冷静处理，无论遇到什么紧急情况，一定不能手忙脚乱，否则会给骗子可乘之机，冷静地想办法才是解决问题的关键。无论同学们看到什么，听到什么，都要三思而后行，切忌人云亦云，而应有自己的观点。事实上，很多骗局只是一层窗户纸，只要认真推敲就能发现里面的漏洞。

最后，需要提醒青少年的是，无论遇到什么问题，都要通过正规的渠道解决，不要想着投机取巧，如此骗子便无从下手。

十一、如何识破网上的留学中介骗局

很多人都想出国留学，但是苦于对国外的教育体制、申办程序不熟悉，缺乏有效的信息渠道，在办理繁杂的出国手续中耗费了很多精力和财力。然而，每一位出国留学的学生都要面临这一系列复杂的程序，如选择合适的留学国家、学校、专业及申办护照、签证……鉴于种种苦恼，很多准备送青少年出国深造的家长们，急需专门提供咨询及一条龙服务的中介机构，也就是在这种需求的促使下，留学中介的网上网下机构应运而生。

1. 留学中介骗术多

随着互联网被越来越多的应用，很多人都离不开网上中介，然而，那些不规范的网上中介市场却给人带来了很大困扰。网上一些中介机构为了帮申请人办理出国护照做假材料，把境外情况介绍得天花乱坠，把代办出国留学的国家吹嘘得如何好，骗到钱之后就逃跑了。通常来说，网上中介常用的骗术主要有超范围经营、满嘴跑火车、弄虚作假、层层转手、只管赚钱不管事、只看钱不顾危险……另外，不少小公司或个人，常游荡在使馆周围以代排队、代填写表格等服务方式获取钱财。他们以低价为诱饵，将急于办理出国手续的人介绍给一些连营业执照都没有的网络中介公司。

在国际一流大学上学是很多人的梦想

2. 识破留学中介的骗局

　　近些年来，随着人们生活水平的提高，很多青少年在父母出国留学梦的催促下不得不到国外深造。在这里，特别需要提醒家长朋友的是，在给青少年选择学校时，一定要根据青少年自身的条件做出准确判断。要报考那些信誉较好，与正规大学有密切联系的语言学校，否则可能会导致孩子处于被动境地，甚至是有被骗的危险，因此一定要谨慎行事。

　　那么，如何才能识破网络上以骗钱为目标的留学中介呢？

　　（1）调查中介的资质。

　　网络中介公司是否具有法人资格，是否具有国家从事留学中介服务的资格认定。中介机构的办公地址是否与证件登记的地址一致。

（2）看授权书、证明资料。

网络中介公司是否有直接与国外高等学校或其他教育机构签署的合作协议及国外教育机构授权中介机构在华招收学生的授权书，国外签约方的资信证明要经过我国驻外使馆、领馆的认证。

（3）测试他们是否专业。

网络中介公司有无专业水平较高的咨询人员，对国家留学政策是否熟悉，对国外的教育、文化情况等是否了解，有无从事教育服务工作的经历……凡是合法留学中介机构在接待申请人的时候，会对留学者进行测试和了解，以便帮助他们选择更适合的学校，这才是留学中介机构应该做的。

面对中介要看好自己的钱包

（4）有无正规的协议书。

网络中介公司是否持有已在当地教育部门备案、按顺序编号的出国留学中介服务协议书，并注意协议书中双方的权利、义务

规定的是否合理，有无关于退还费用的规定……为了保证合法权益得到法律的保护，申请人在递交各项申请材料时，务必保证各项材料的真实性。

（5）看中介费用收取情况。

网络中介公司的服务费的收取标准是多少，这些收费是否同其提供的服务相吻合，是否明码标价。正规的中介机构一般不一次性收费，而是根据程序，分阶段收费，且都有办理不成功退还费用的承诺。一些非法留学中介机构收取的费用远远超过合法中介，甚至高出5～8倍，费用高得离谱。

（6）其他渠道确认。

更多相关的问题，申请人可以通过互联网了解经过国家主管部门资格认定的中介机构的情况，了解外国学校背景、师资、学科等方面的情况，也可以发电子邮件直接咨询。

十二、网上购物会遇到什么陷阱

很多人之所以选择网上购物是因为其非常方便，在拍东西的时候不太仔细地核查，这给了网络骗子们很多可乘之机。事实上，骗子的骗术并不高明，只是消费者在网购中不够小心。

网上购物方便背后有什么陷阱呢？

1. 靠冻结交易索取更多货款

很多网上卖家以极低的价格标示物品，让买家在搜索同一种商品时很容易注意到自己的店铺，等买家拍下物品，卖家通知买家，其拍下的价格只是订金，要求买家再把"未交足"的钱汇到其银行账户，否则立刻冻结交易，且买家不能退款。如果遇到这种情况，要及时通知网站客服，或者是报警。

2. 以假乱真

卖家以次充好、以假乱真，商品的价钱却不变。网购专家介绍，常见的以次充好的商品有水货、仿货、赃物以及"海关罚没商品"……有的商家甚至空手套白狼，收到汇款后不发货。

这种骗局不容易识破，特别是网络购物新手更要注意。如果不想被骗，那就到那些有较高信用评价的卖家处购买，分析店铺信用记录，这样可以避免很多麻烦。

真品与假货

3. 谎称多发货要求补钱

这类骗术通常以一个低价格吸引买家的注意，然后谎称只能批量销售，不能零售。卖家提供虚假的发货信息，然后立即通知买家自己的货发多了，要求买家补相应的钱。遇到这种情况也要采取与以上相同的措施。

4. 低价产品子虚乌有

浏览购物网站时，会发现很多引发购物者购物冲动的字眼儿，如"超值""惊喜""哄抢"……然而，或许这些低价产品根本不存在，只是为了吸引消费者而打出的幌子。所以，在购物的时候一定要问清楚，然后再定夺。

5. 付钱容易退钱难

当购物者将款汇给商家，并收到商品时，有可能会发现那个产品并不是自己相中的款式，或者质量有问题，而且没有"质量三包"，没有发票。当购物者要求商家换货时，对方可能会找出许多理由来搪塞。当购物者要求退货时，更是困难。

防购物钓鱼

当然，想要避免这种情况的发生也是有办法的，那就是先付订金，货到后再把剩余的钱款补上。如果允许货到付款，尽量货到付款。这是万全之策。

无论如何，网上购物总是存在风险的，在购物的时候不要盲目下单，勿忘发票。另外，想要杜绝网络购物中存在的陷阱，最好的武器就是诚信。在网上购物前，最好认真核实网站是否具有通信管理部门核发的经营许可证书，可向网站涉及区域的通信管理部门查询，尽可能选择一些大型知名网站购物。同时要妥善保存相关的购物单据，核对货品是否是自己购的商品，有无质量保证书，保修凭证……而且索要购物收款凭据。

十三、如何防范网络经销商的骗局

网络上不仅有猖獗的网络骗子，更有一些财迷心窍的网络经销商存在。这些网络经销商为了推介自己的服务，嘴巴上说得天花乱坠，却并没有把产品的详情全部告诉消费者。如果消费者贸然相信他们的鬼话，最后吃亏上当的只能是自己。

一天，晏燕妈妈接到邮电局寄来的电话费单据，一点也不相信，自己家一个月的电话费会达到10万元。她毫不犹豫地提起电话，以不容置疑的语气告诉工作人员："你们把话费单打错了，我家的话费绝对不可能这么多。"

但是，查询的结果的确无误。妈妈弄清楚后，后悔不已：都怨自己开通了那个网络长途。

原来不久前，有人向晏燕妈妈推荐了某网络开通的一种长途电话服务，话费是每分钟0.3元。妈妈一听就动心了，因为晏燕的爸爸在外地工作，家里最常打的就是长途电话，并且这种电话拨打方便，不需加拨一长串数字，于是妈妈高高兴兴地开通了这种服务。妈妈还告诉晏燕："这种电话既方便又便宜，以后打长途再也不用一直盯着看时间了。"

晏燕放暑假后，母亲要出差，就把奶奶接来和晏燕做伴。晏燕想起妈妈说过打长途便宜的话，就拎起了电话。开始是给妈妈爸爸打，后来给同学、网友打。有一次，她无意中拨打了一个网上交友电话，听到一个甜美的嗓音讲故事，晏燕一下子就被深深吸引了。从此以后，晏燕每到夜深人静的时候，就情不自禁地拨通了这个交友电话听故事。

母亲生气地看着话费单，却又无可奈何，因为话费单上清楚地写着信息费，每分钟2元。晏燕也吓呆了，她万万没有料到，自己打电话竟然给家里打来了灾难，一个月居然耗去了父母几年的积蓄。

从上面这个故事中，我们应该懂得以下几点：首先要记住，打电话要惜时如金，不要闲聊闲扯，记住言多必失。要选择一种新的通讯模式时，一定要先问清楚收费情况，不要被网络经销商的花言巧语欺骗。要慎重拨打信息、咨询和聊天电

电话沟通也有陷阱

话，这些电话收费昂贵，且不适合学生使用。网上信息庞杂，一定要认真挑选，要练就一双火眼金睛。

第五章　与网络犯罪说"不"

互联网作为一种新的通信技术，虽然发展突飞猛进，但尚未规范。由于其天然的隐蔽性，在某种程度上成为一种新型的犯罪工具和犯罪场所。

如今，网络犯罪可以说是五花八门、形形色色，如网络诈骗、贩卖毒品商和信用卡窃贼、网上电子邮件恐怖分子、黑客、青少年色情陷阱等。犯罪分子有的蛰伏在聊天室里，等待猎杀目标的出现；有的则偷窃别人的电子邮件收集个人资料；有的专攻那些保密网站。2003年，就有一个不知道来路的蠕虫病毒，以其自身飞速复制和传送的程序，导致了整个互联网的一时瘫痪。

网络犯罪，给整个社会施加重磅压力，对我们中学生的健康成长构成威胁。有同学一方面成为网络色情的受害者，另一方面又成为网络色情的传播者，如参与建立色情网站，代理国外色情网站，建立匿名色情网页、色情聊天室，复制、制造、传播淫秽物品等网络色情犯罪活动。有同学痴迷网络不能自拔，但自身又无经济来源，为获上网费，走上了盗窃、抢夺、抢劫等犯罪道路。有同学或图一时之快，或由于报复心理或炫耀心理成为网

络病毒的制造者和传播者。有同学将现实和网络混为一体，在一定的情境下模仿游戏中的情境，用武力或暴力来解决现实中的问题，获取想要的东西，甚至将现实中的人当成网络游戏的敌人或魔鬼进行处置等。行为具有明显的侵犯性、粗野性。

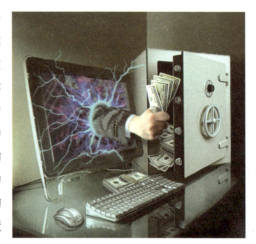

网络犯罪

这些同学完全没有意识到，一个人的网络行为不仅存在"能不能"的技术操作规定，还存在"该不该"的伦理道德要求。只有两者有机结合，才能保证网络安全有序，保证个人的网络行为健康、文明、有益。触犯道德禁律，迟早会受到纪律或法律惩罚。不要小视现在只是到别人的电脑里取一些作业答案，明天就很有可能到别人的银行账户里取一笔金钱供自己挥霍；现在只是搞点小小的恶作剧，删除掉一段文字或一幅图画，明天就很有可能到企业里毁掉一批数据或资料；现在只是随意地在网上发布一些道听途说的小道消息或有害信息，明天就很有可能热衷于暴露隐私或造谣伤人。

网络行为存在着一条基本界限，即可以做的和不可以做的。网络道德所鼓励的是追求网络行为的道德自律和社会价值，利用计算机互联网为他人和社会做贡献，造福于社会和人类。我们必须从现在做起，防微杜渐，养成良好的网络道德行为方式和行为习惯，形成文明、理性、高效用网的自觉和良好风气，成为健康、文明、理性的"网上一代"。

二、青少年网络犯罪有哪些原因

在信息时代，青少年无疑是网络社会的主体。网络给"网上一代"的生活带来非常开放的成长环境的同时，网络犯罪特别是青少年网络犯罪已经成为·个非常严重的问题。

关于什么是青少年网络犯罪，到现在为止还没有一个明确的定义。这里的青少年网络犯罪，特指以网络为犯罪诱因，犯罪地点在网吧，或犯罪手段和犯罪目的与网络有关联的青少年实施的犯罪行为。总体来说，导致青少年网络犯罪的原因有很多，概括起来包括以下几个方面。

文明上网漫画

1. 客观因素

（1）家庭因素。

在青少年的成长过程中，家庭起着特别重要的作用，同时也是预防青少年犯罪的第一道防线。然而，随着科学技术的高速发展，很多家长的"网络素质"显然跟不上发展要求，他们不知如何对青少年进行网络教育，缺少对青少年的网络引导。所以，在这种情况下，很多家长根本不了解孩子在看什么内容，更无法正确指导他们。

（2）学校因素。

很多学校只是关注成绩和升学率，从来不关注青少年的青春期教育。所以，在开设的课程中，根本没有专门关于青春期教育的课程。与此同时，一些学校对成绩好的同学呵护有加，而对成绩差的学生则放任自流，有的学校甚至对差生采取"停课"或"开除"等措施。因此，很多学生在进入社会之后，就变成了问题少年。

（3）社会因素。

除了家庭和学校之外，社会也会对青少年的成长起着重要的作用。犯罪青少年普遍存在高逃学率、高退学率和被停学或开除的现象。他们中的很多人早早地离开了课堂，回到家中，进入了社会中。整天无所事事，只好成天玩乐、通宵上网，最后走上犯罪的道路。

（4）网吧和网络的吸引力。

网吧是一个生意场，他们会使用各种促销手段来吸引顾客。目前，为了吸引客源赚取利润，大量的网吧经营者无视国家有关网吧管理方面的法律、法规，低门槛，甚至无门槛地接纳未成年人，为上网者提供一条龙服务。在这里，青少年可以做任何自己想要做的事情，不仅自由，而且全身心放松，所以青少年放松了对自己各方面的要求，最终走上犯罪道路。

2. 自身主观原因

除了客观因素之外，青少年自身存在的主观因素也是导致犯罪的重要原因。

（1）因网恋而导致的犯罪。

很多青少年在网上起一个非常吸引女生眼球的名字，为的就是能结识更多的"女朋友"，而有些女生也是如此。两人在网上打得火热，等真正见面的时候，会因为各种原因而导致各种问题出现。近些年来，因为网恋而导致的犯罪率不断增高。

（2）因为网络色情而导致犯罪。

一些青少年犯罪分子在网上通常使用极其诱惑的女性网名，寻找男性网友聊天。当他们找到自己

在网吧擒获的罪犯

的目标之后，犯罪分子就会让女性犯罪分子"闪亮登场"，然后约男网友见面，等进一步交流，男网友警惕性不高信以为真的时候，犯罪团伙即对其实施偷盗、抢劫与诈骗。

（3）因沉迷网吧而导致犯罪。

据相关资料，某市法院审结的一起盗窃案中，被告人余某从初三开始就在别的同学带领下经常光顾网吧。他经常是在半夜里偷溜出去，等天明之前再偷偷溜回到宿舍。白天上课总是无法集中精力，没有精神，所以就被学校勒令退学。在进入社会之后，他所结交的朋友都是在网吧认识的，为了吸引人，他在网上花了很多钱，但最终因为囊中羞涩而走上了盗窃的道路。

三、如何预防青少年网络犯罪

事实上，青少年网络犯罪并不是一蹴而就的，它需要一个发展过程。在早期，都会出现一些前兆，这就需要家长和老师的及时发现，在发现之后要及时预防。

1. 青少年网络犯罪的前兆

青少年网络犯罪究竟会有哪些前兆呢？

（1）逃学。

很多青少年犯罪问题的发生就是在一次次逃学过程中酿成的。

（2）频繁上网。

青少年上网时间过长，上网过于频繁，上网内容远远超出了规定的范围。事实证明，那些过分沉迷于网络的人缺乏自制力，经常在网络上结交一些不良网友，为下一步网络犯罪提供了条件。

2. 杜绝青少年网络犯罪

（1）培养课外兴趣。

对于家庭和学校来说，要正确看待青少年的学习成绩和学习能力。家长和老师要学会鼓励、培养青少年在学习之外的兴趣。仅仅学习书本上的知识是非常乏味的，他们之所以会沉迷于网络是因为网络世界中有很多现实中没有的东西，所以想在网络世界中寻找刺激。家庭还应该为青少年接触网络制订一个科学计划。其实，如果能真正合理利用好网络的话，网络是一个巨大的宝库。

（2）社会关怀到位。

社会是包括青少年在内的居民生活的重要场所。在现有条件下，社会存在很多问题，如功能不到位、服务不到位、社会专业工作人员不到位……这些问题不仅直接影响社会自身发展，也极大地影响社会对青少年的吸引力。所以，为了青少年能健康成长，社会应该采取各种措施来增强凝聚力，如建设社会图书馆、活动中心，添置健身器材，开展各种社会活动……相信这些措施都有利于青少年身心健康发展。

愉快的户外活动

（3）鼓励青少年参加群体活动。

应当鼓励青少年走出家门，积极参加各种户外群体活动，在群体活动中形成各种优良品质。

如果想要消除青少年网络犯罪，最主要的就是预防和控制。这属于一项系统工程，仅仅依靠单方面的力量是无法实现的，所以需要大家的共同努力。在现有条件下，家庭力、学校力、社区力、同伴群体影响力和网吧网络吸引力要凝聚起来，只有共同发挥作用，才能保证青少年的健康成长。

 ## 四、网上言论不受法律约束吗

现在，网上论坛很流行，在那里想说什么就说什么，比如揭露一些事件、辱骂诽谤、攻击他人等。网上言论有时就像一把利箭直击社会黑暗的一面，生活中，我们的确需要一些敢说话的人，但是不能把话说过了头，把别人当作评论的"靶子"，甚至还指名道姓。尽管网上言论是自由的，但是无理取闹、胡言乱语，就构成了对别人的伤害和诽谤。

网上言论中所说的事情，有时在表达观点的时候过于偏激，有诽谤的嫌疑，甚至可以说是无理取闹；有的则是道听途说，没有真凭实据；有的则是对社会现象的抨击，对当事人的中伤、挖苦。这些将媒体作为工具，传播误导信息，并对相关团体或者个人进行攻击的做法，最终误导了公众舆论。在网络时代，每个人都是监督者，也是被监督者，许多事情是瞒不住的，都有可能在网上曝光。而对铺天盖地的舆论应该怎样应对，便成了很多人不得不思考的问题。

网上的言论自由，也要有一定原则。不能只攻击一点，而应该坚持客观评价；更不能对别人进行侮辱和嘲讽。网络世界虽然具有虚拟性的特点，但是它与现实世界一样，我们都应该遵守社会公德、国家的法律和法规。对此，我国已经制定了一系列有关互联网管理的法律和法规。在网上妖言惑众等恶劣行为若是触及法律，一样会遭受处罚。

网络暴力

总而言之，我们应该正确上网，文明发言，在网上满口脏话、造谣生事、中伤他人、扰乱社会秩序、恶意攻击政府等行为都是不可取的。对于一件事情，最好在了解了真实情况以后再发表自己的言论，不要只是道听途说，或者是别人怎么说自己也跟着怎么样说，这体现了一个人的道德。有的时候网上的言论还会给人惹来麻烦。

五、网上发表虚假信息会触犯法律吗

据报道，重庆市的秦某有一天突然诗兴大发，填写了一首《沁园春·彭水》的打油诗。内容为当地几个轰动的社会事件，但熟知彭水官场的人，却能从中解读到含沙射影的味道。改写完毕，秦某用短信以及QQ将该首打油诗转发给了其他朋友。但让他没想到的是，此事招来了警察。警察搜查了他办公室的书籍、电脑等，没收了他的手机，随后又将他带到了当地公安局。

面对警察的调查，秦某说："这仅仅是填写的一首词，不针对任何人，也没有任何目的。"但是，这番话并没有得到警察的信任。

就是这样一首无心之作却给自己招来了很多麻烦，秦某根本就没有想到。这件事情为我们敲响了警钟：虽然网上言论相对自由，但是也不代表可以口无遮拦，特别是对他人或者是政府进行诽谤的言论更容易招惹事端。

谣言必须制止

如今，网上论坛、微信朋友圈非常流行，只要想说，就可以发帖。在短时间内，这些言论可能成为一支利箭，射向了社会的黑暗点。然而，这不排除有些人利用网络言论自由，以他人为评论"靶子"，甚至还指名道姓地进行"评论"。这无论是对哪一方，都可能造成无法弥补的伤害。

有人曾经形象地比喻，社会上刮什么风，"网上言论"上就会下什么雨。网络不是真空地带，不是无法无天的地方。关于互联网上出现的各种消极现象，我国已经制定了一系列有关互联网管理的法律。一旦言论触犯了法律，必然会受到相应的法律制裁。例如，上海的部分网络论坛中曾经出现内容为"有人在闹市区用带有艾滋病病毒的针头袭击行人"的帖子和留言。帖子一发出之后，当地公安机关立即调查查证，但发现这纯属子虚乌有。按照有关规定，两名涉嫌扰乱社会秩序的发帖者依法受到了治安处罚。

所以，无论在何时、何种场合发表言论，一定要有事实依据，并且要遵守法律，否则就会给自己带来麻烦。

 六、网络暴力会产生哪些危害

网络暴力是指一定规模数量的网民借助网络的虚拟空间用语言文字对人、事件进行讨伐与攻击，它与现实生活中拳脚相加血肉相搏的暴力行为有所不同。但是，这并不代表网络暴力没有什么危害，它同样也会给受害人带来很大痛苦。

网络暴力何时停止

网络暴力是在网上发表言论，达到侮辱别人、诽谤别人的目的，侵犯别人的名誉权，一旦达到了某种程度，它就属于侵犯名誉权的犯罪。另外，如果网民对诽谤、侮辱他人的信息，不加判断就主观地进行传播，也属于侵权行为，因为它在客观上给他人造成了伤害。

其实，当你打开明星贴吧、微博或者是浏览时事热点的网站，都会有各种辱骂性的语言出现在你的眼球中。这类评论没有提出与事件相关的论点，更无逻辑可言，但危害性却是非常大的。

有专家表示，一些网民没有能力把事情说清楚，或由于所掌握

的信息量无法把事情分析透彻时，便通过语言暴力来表达情绪。另一方面，网民在现实生活中遇到挫折时，这种挫折感所产生的攻击动机便促使人们在不需为自己言论负责的网上施以语言暴力。所以，网络成了网民情绪的释放场。

1. 谁来为网络谣言买单

随着网络传播手段的推陈出新，互联网上每个人都能自由地发布信息、发表见解，但这也给不实传言乃至恶意谣言的流行创造了条件，加之网上信息的真实性难以审核，大量虚假信息以讹传讹。这些谣言不仅侮辱了当事人名誉和人格，损害了网络公信力，甚至成为触发某些公共事件以致影响社会稳定的重要因素。

在网络上，很多话语都在疯传，但是后来却证明是谣言，那真正的受害者到底是谁呢？究竟谁会为网络谣言来买单呢？

2. 摘掉"网络暴民"的帽子

如今，在网络世界中存在着各种语言暴力行为，包括侵犯他人隐私，公然诽谤他人、侮辱他人人格，用谣言混淆视听……在网络世界中，人人都可能成为语言暴力的受害者。

在很多年前，美国《纽约时报》就发文称，如果没有任何秩序，博客圈最终将变成一个令人生厌的场所。这是非常有预见性的判断。最早提出"Web2.0"概念的蒂姆·奥莱利在一篇旨在宣传博客行为准则的文章中表示，"从本质上讲，文明就是我们签署的共同协议，它是我们生活在一起的基础"。如果缺失了文明，所有的一切都将变成是有害的，甚至会将网络舆论导向混乱和暴力。

与现实社会相比，网络社会大同小异，它同样需要约束和规范。为了净化网络社会空气，在进入网络之后，每个人都应当有一张证明，那就是名字和信息，所有发表的言论都要承担相应的法律责任。相信，这项措施若实施，必然能减少网络上出现的各种暴力语言和行为。

 ## 七、网上盗用他人信息违法吗

某一天，德国一位妇女通过电脑网络向银行申请贷款时得到了如下令其头晕目眩的答案："对不起，您的贷款申请被否决，因为根据记录，您已经去世了。"

或许这让人感觉难以置信，但是事实就是如此。经过调查得知，原来是一名社会保险管理部门的工作人员私自更改了计算机中存储的该妇女的记录，输入了一个虚假的死亡日

越来越多的上网人群也带来更多的网络暴力

期。因为这位工作人员曾经与受害者在互联网的一个聊天室中发生争执，并最终被禁止访问该聊天室，所以就蓄意报复，最终以"虚拟谋杀"这位女士来泄愤。

在这件事情发生之后，社会保险管理部门等机构对各自网络系统的安全性进行了调查，但并没有得到满意的结果。在调查过

程中，调查人员非常轻松地进入了两家机构的电脑网络，任意调阅其中存储的信息，包括金融交易、医疗记录……

随着互联网的盛行，个人信息在网络上被泄露、盗用已经不是什么新鲜事儿了。根据相关报道，有一天晚上，19岁的章某及其初中的同学田某两个人将自己的便携电脑接入某证券公司的终端插口，输入有关程序后，就测出该公司系统的信息和密码，进而盗窃该证券公司电脑系统里上万股民的地址、资金额度、证券种类、账号和买卖记录信息等有关数据。后来，当他们再次用同样的手段进行作案的时候，被上海警方当场抓获，他们最终面临的是来自法律的庄严审判。

可见，青少年不仅要防范自己的信息被盗用，也不能做违法的事。否则必然会影响网络的安全，尤其会使公民或法人在网络上的隐私安全受到大的威胁。盗用、篡改网络信息的行为，是不道德的行为，也是违法行为。

八、什么是人肉搜索

人肉搜索，是指利用人工参与来提纯搜索引擎提供信息的一种做法。事实上，人肉搜索引擎是通过其他人来搜索自己搜不到的东西，这与知识搜索没有什么太大区别，但是更强调搜索过程的互动。搜索引擎也有可能对一些问题不能进行解答，当用户的疑问在搜索引擎中不能得到解答时，就会试图通过其他几种渠道来找到答案，或者通过人与人的沟通交流寻求答案。

1. 人肉搜索与赏金猎人

人肉搜索最早起源于猫扑网，它与世界上的很多学习论坛都相似，猫扑上面也经常有人问这个问题、那个问题。另外，猫扑有种虚拟货币叫作Mp，问问题的人往往会用Mp来奖励帮助他们的人。虽然Mp不能吃、不能喝，然而，很多人却希望能够得到更多的Mp。这些习惯于通过回答问题来挣取Mp的人被称为赏金猎人。

2. 轿车撞倒六旬老人事件

在2007年4月，已经年过六旬的欧阳先生走在家门口的人行道上，却莫名其妙地被一辆快速倒车的轿车撞倒。他爬起来与肇事司机理论，反被司机钱军诬蔑偷车，继而遭到拳打脚踢造成重伤。这个过程都被事发住宅区的监控录像如实记录下来。

直到6月12日，深圳新闻网将此事公布，并将记录整个过程的视频在网上公开，此事立即引起广大网民的愤慨。在很短时间内，这个司机的姓名、配偶姓名、工作地址、家庭地址、身份资料、家庭电话等都被公之于众，网友号召大家对其讨伐。除此之外，他的女儿所就读的学校也曝光。总之，凡是与他相关的任何人、事物都被人肉搜索出来了，并出现了针对他的很多网络攻击语言。其实，在这个过程中受到最大伤害的是他的女儿，人肉搜索行为严重影响了小女孩儿的身心健康发展。

如果网络上发布了一些违背人类公共道德和传统价值观念，以及触及人类道德底线的事件后，网民会发表一些批评言论，但这些语言刻薄、恶毒甚至残忍，已经超出了对于事

人肉搜索

件的正常评论范围，不仅会人身攻击、恶意诋毁事件当事人，还对事件当事人进行"人肉搜索"，将真实身份、姓名、照片、生活细节等个人隐私公布于众。这些评论与做法，不但严重地影响了事件当事人的精神状态，更破坏了当事人的工作、学习和生活秩序，甚至造成严重的后果。

九、青少年沉迷网络游戏会走上犯罪之路吗

在河南省济源市检察院"青少年警示教育基地"的十几间展厅内陈列着1000多幅未成年人网络犯罪的照片，相信所有人看到这些场景以后都会感到震惊。据调查，绝大多数青少年犯罪是由网络引发的未成年人犯罪，这些人作案的勇气、作案的诱因甚至作案方式都来自于网络游戏。

1. 网络游戏引发犯罪的原因

随着网络游戏的进一步发展，动画效果越来越逼真，不管是在杀人还是在被杀的时候，血光四溅。这样无数次的、长期的"杀人"训练让一些青少年对生命的感知变得

暴力游戏危害巨大

麻木，情感丧失，直观而血腥的画面再加上一些鼓动性的文字，大大刺激了青少年玩家的模仿欲，这会让他们从"网上搏杀"发

展为"仿效杀人",从网络游戏中的高手变成现实生活中的杀人犯。那么，是什么原因导致这些青少年敢于向别人下毒手呢？青少年以为在网络游戏中，一个人在被杀死以后，能够像游戏人物一样，在下一局中复活，继续厮杀。这些青少年已经分不清网络的虚拟世界和现实世界，也不知道人的生命是不会有下一局的。

由于青少年没有经济收入，衣食住行都来自父母，一旦青少年上网成瘾后，上网费对他们来说将是一个很大的压力。为了得到上网所需的资金，有的青少年通常会铤而走险，抢劫、盗窃甚至杀人。

2. 14岁初中生杀死了父亲

李乾在父母离婚以后就一直与父亲住在一起，父亲对他管教很严。父亲对李乾制定了一条规定，任何一次考试的平均分一定不能低于90分。李乾每次考试都是班上的第一名，他从来没有让父亲失望过。可是，有一次考试由于题特别难，虽然李乾的成绩还是班上的第一名，可是他的平均分并没有达到父亲的要求。当父亲看到李乾的成绩单以后就将试卷甩到了李乾的脸上，说："这次怎么考得这么差？虽然你还是第一名，但是这只是在你们班上的第一名，与外校的好学生相比，你还能保证自己是第一名吗？从今天开始，每天晚上必须学到十一点半才能睡觉，听见没？"后来，李乾不仅没有按照父亲说的那样做，反而迷上了上网聊天。

一天早晨，在父亲还在睡觉的时候，李乾从父亲的钱包里拿了200元钱，可是他害怕被父亲知道，于是就用铁锤将父亲砸死了。这时的李乾还是一名仅仅14岁的初中生。

仅仅是为了上网费而将自己的父亲杀死，真是有点难以置信。

3. 李某为什么雇凶杀母

那些染上网瘾的青少年近乎疯狂，只要有人阻碍他上网，他便有可能采取一些极端的方式。

家住山西运城的李某，在朋友的引诱下迷上了上网。从此以后，李某再也无心听课，逃学更是成了家常便饭。直到有一次，老师看到李某好几天没来上课以后给李某的母亲打了电话，询问李某没来上课的原因。这时母亲才知道自己的儿子根本就没有去学校。

等到李某第二天背着书包去学校的时候，母亲跟在了他的后面。她看到自己的儿子进了一家网吧，她终于明白了，原来这几天儿子一直在上课时间去网吧上网，等到放学的时候再回家。李某的母亲将他带回了家里，希望李某可以好好反省一下。三天以后，母亲认为李某已经悔改了，于是就将儿子放了出来。这次李某还是直接去了网吧，并在网上发了一篇帖子：我恨她，是她让我没有一点上网的自由，如果有谁愿意帮我除掉她，我将给他200元钱的酬劳，有意愿者请与我联系。

可悲的是，几天以后竟然有人与李某联系，此人也染上了网瘾，由于家里不给上网费，于是就和李某一起将李某的母亲杀死了。

分不清游戏与现实会酿成惨剧

随着网络技术的发展，我国未满18周岁的网民越来越多，而这些网民极易染上网瘾。有的仇视身边所有的人，甚至包括父母；有的人则持续上网，离家出走，甚至走向犯罪。对于识别能力及辨别能力差的青少年来说，网络十分具有诱惑力。另外，青少年染上网瘾，并不能将所有的责任都推给网络游戏和网吧，父母也应该对自己的教育方式进行反思。据调查，90％的青少年染上网瘾与家庭教育方式不当有关。所以说，在戒除网瘾的过程中，家庭是一个重要的环节。只要家庭合理引导、正确教育，青少年在受到亲情的感染、对生活充满希望以后，自然就不会再沉迷于网络的虚拟世界中，也不会偏激到杀人放火的地步。

十、什么是网络侵权

网络侵权是一个比较常见的网络犯罪现象。网络侵权就是指恶意剽窃网上的资源，篡改网上的消息，未经同意转载等行为。

2003年4月，"今日吕梁"网站的工作人员在浏览"吕梁在线"网站时发现其网站内容改版，增加了旅游、民俗等内容，其页面文字、图片与"今日吕梁"网站的一致。工作人员立即与"吕梁在线"交涉，"吕梁在线"负责人赵某一口否认："没有用你们网上一个东西。"

2003年6月，"吕梁在线"再次改版，与"今日吕梁"雷同内容更多，涉及旅游、民俗、风味小吃、旅游地图、出行车次等。今"今日吕梁"再次与"吕梁在线"的赵某联系，赵某还是矢口否认有剽窃行为，说："文字是我们编的。"在提出照片为"今日吕梁"所拍摄并有底片时，赵某说："我们没有进过你们的网站，你想怎么样就怎么样，你想到哪告就告去吧！"至此协商已无法解决。

"吕梁在线"剽窃的手法很恶劣，将"今日吕梁"的文字

照搬，包括错误，图片则将"lltoday.com"标记用"1uliang.com"覆盖或将"lltoday.com"部分剪切再重新打上"1uliang.com"，出处注明"吕梁在线"或根本不存在上述内容的"山西旅游资讯网"。

信息与知识产权保护

"今日吕梁"认为，"吕梁在线"的这种剽窃行为已经构成对"今日吕梁"合法权益的侵犯，于是就此事咨询了本网站法律顾问。律师认为"吕梁在线"的此种行为已构成了著作权的侵犯。"今日吕梁"决定借助法律手段伸张正义，以维护自身合法权益不受侵犯。

2003年8月5日，在多次协商无效的情况下，"今日吕梁"对"吕梁在线"提请法律诉讼，吕梁地区中级人民法院受理了此案。

2003年9月1日，吕梁地区中级人民法院将诉状正式送达被告，吕梁在线网站当即关闭无法浏览，关于侵权的详细情况，无法在线对比。不过，"今日吕梁"此前已申请法院依法保全了证据。

显然，网络侵权是一个不道德的行为，也是法律所不允许的。这里涉及知识产权的问题。建议青少年能够参考一些知识产权的书籍，尊重别人的劳动成果，不要剽窃，不要照抄。

"其实大家都只是玩玩，一般不会进行实质性的破坏。"几名当过"黑客"的学生对自己的行为不以为然。

青少年问题研究学者已呼吁家长和学校对孩子加强网络道德教育；同时呼吁更多的高校及时招募黑客少年，把他们培养成高素质的网络安全员。

第六章 时刻警惕网络性侵犯

 一、性侵犯的诱因是什么

青少年遭受性侵犯的原因错综复杂，既有客观的因素，又有主观的因素，即青少年个体防范的意识问题，还有社会、心理和生理等诸多因素。

1. 保护机制不完善

对青少年的保护机制不完善是原因之一。虽然我国对性侵犯现象的严重性已有所认识，在法律上规定了对女性人身权利予以特殊保护的条文，禁止各种侵害女性人身权利的行为。但是，有些法律保护条款在实施的过程中并不是那么容易，结果使不少性侵犯等不法分子逍遥法外。

受性侵犯或面临性侵犯的青少年寻求社会、司法机关的保护和帮助，结果往往是得不偿失。因为在寻求社会、司法机关的保护过程中，青少年多半可能要遭受心理上的"二度伤害"，而这种代价又往往会高于寻求保护所得。所以，很多青少年宁可选择忍气吞声，也不报案，这更使得不法分子有恃无恐。对青少年保

护机制不完善的另一个表现是，缺乏专门的受性侵犯青少年保护机构。青少年男性受到性侵犯容易忽略，应引起重视。

2. 受害者缺乏自我保护意识与能力

由于青少年特殊的年龄，以及女生生理上的差异，比如，女生一般在体力和耐力等方面比男生较差，这固然是女生更容易受性侵犯的一个重要原因，但是缺乏必要的自我保护意识和技能，也是导致中小学女生受性侵犯的主要因素。一项统计研究表明：在强奸犯罪案件中，大概有62.9%的被害女生认识犯罪人，35.8%的被害女生对自己被害负有一定的责任，高达61.7%的强奸案件，是发生在被害人或犯罪人的家中或双方所熟悉的地点。

上网聊天是最简单不过的事情

根据这些统计数据及相关个案的分析，许多被害青少年的行为中，存在着对不法分子态度过分亲昵、暧昧，言行轻浮，毫无防备问题。还有一些女生在面临性侵犯威胁时，缺乏必要的自我保护能力，从而招致性侵犯甚至多次受害。因此，预防和打击校园性侵犯行为，除了加强校园治安防范、严厉打击违法犯罪外，青少年增强自我防范意识和提高自我保护能力尤为重要。

二、16岁少女网恋悲剧有哪些启示

16岁的云南少女小杨在网上结识了一名男子，聊得很投机，认定他就是自己所爱的人。为了相互厮守，就从家里跑出来和这位网上的男朋友私奔，在最廉价的出租屋或小旅馆里同居。一天晚上，这对小情侣在旅馆发生纠纷，男友拿水果刀捅了小杨上腹部一刀后逃跑。旅馆的店主发现后马上报警，当时小杨脸色苍白，已处于严重的休克状态。

网恋是浪漫的，尤其是少男少女，谁不想过一把"白马王子"的瘾，做一场"白雪公主"的梦。可是绝大部分的网恋都不靠谱。当有一天醒来时，才发现那是一场虚无缥缈的梦，而自己已经被现实折磨得身心憔悴，甚至伤痕累累，后悔莫及。

如今，网络普及率极高，通过网络相互交流、倾吐心声，已经是许多青少年经常做的事。而且青少年正处于青春期，情窦初开，渴望与异性交往，但由于在现实生活中没有勇气和异性过于密切地接触，他们便将自己的感情寄托在网友身上。通过经常交流，他们很自然地增加了对彼此的了解，慢慢产生了情愫，随着彼此好感的增加，双方由单纯的网友变成了网络恋人。

1. 少男少女为何网恋

（1）心理需要。

在陷入网恋的青少年中，有相当部分青少年是因为性格孤僻，与家人、同学、朋友交流甚少，习惯把自己封闭起来。然而每个人都是有交往的心理需求的，当这种需求在现实中无法得到满足时，他们必然会寻找其他方式，如通过网络交友、聊天等方式来满足交往的需求，获得精神上的满足。

（2）家庭不和睦。

还有一种情况比较普遍，那就是家庭感情不和谐。特别是父母之间关系不好，对青少年缺少关爱，使青少年感觉不到家的温暖，导致青少年网恋。因为在网络上青少年可以尽情地向对方倾吐内心的苦闷，获得对方的理解和安慰。由于网络聊天与现实中面对面交谈是不同的，它不会使聊天者有难以启齿的顾忌，所以网络聊天（QQ和微信）受到了青少年的欢迎。

2. 虚拟的网恋世界不安全

迷上网恋的青少年，最初大都是抱着交网友的心态和对方聊起来的，聊得多了，有了共同的语言，也就变得无话不谈、更加亲密，进而有了要进一步发展关系的想法。网络不同于现实生活。在现实中，当一个人走入陌生的环境，容易产生不安甚至恐惧心理，这会使他警惕被人伤害和躲避各种危险。但是，在虚拟的网络世界，每个人都躲在网络这张面具的背后，似乎一切都是安全的，这就为网络交友、聊天、网恋提供了理由。

作为家长，有必要告诉青少年一些网恋的危险。让青少年知道虚拟网络的背后，同样是活生生的现实社会，也同样存在着形形色色的人，因此不能轻易相信网友的话，幻想从网络中找到真

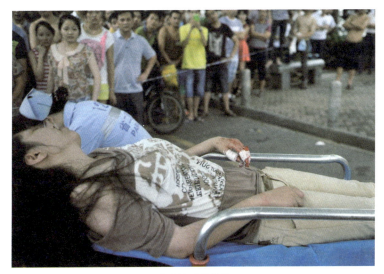

网恋的可悲结果

爱，否则，不知不觉就会将自己置于危险的境地。正确的做法是让青少年在学习和掌握网络技术的同时，能够学会正确利用网络交流和发展自我。

三、青少年与网友见面有哪些潜在的风险

网上交友聊天是当前中小学们生活中常见的一项内容。可以促进青少年个性化发展。网络给青少年提供了无限多样的发展机会的环境，同学们可以在网络上找到自己的发展方向，也可以得到发展的资源和动力。

但是，网络交友带给青少年的也不全是好处。有众多令人痛心的事件，让越来越多的父母和老师意识到了网络交友对青少年的危害，毕竟青少年的身心发育还不成熟，自身的控制能力还不

够，所以，类似网络交友等，对成年人都是难以抗拒的诱惑，更何况心智尚未成熟的青少年，网络交友不慎无疑会对其造成很大的伤害和影响。

因此，作为一名青少年应当明白，凡事都要有个度，网络也是一样，正常地使用网络、利用网络，可以帮助自己完成很多的事情，网络是我们的好帮手，而过度沉溺于网络，网络就变成了电子海洛因。过度的相信网络会对自己造成不可估量的伤害。

一些犯罪分子在与网友见面时以暴力为名，实施性侵犯。

1. 劫色不成，骗取手机

网友相约在餐馆、茶馆、游戏机室等公共场所，借故进一步骗色，对受害人施行性侵犯，或用被害人手机谎称"回电话"，一去不复返。

与网友见面小心为上

2. 骗不成就抢

违法犯罪分子在聊天室里，专门寻找一些警惕性较差的中小学女生聊天，一旦打探到对方孤单一人，并带有手机，就迫不及待地热情邀请女生，到他所在的网吧一起玩游戏，一般的路线会经过偏僻的小巷或街心花园，当经过此处时，早已守候在那里的歹徒便伺机而动，不仅对其进行性侵犯，还将其所带的手机和随身财物一抢而空。

3. 针对女学生实施性侵犯

有些社会闲散青年通过网上聊天，认识中小学女生后便盛情邀请其见面，直接对其实施性侵犯。

网络是一个虚拟的世界，坐在电脑前聊天的一对朋友，谁也不清楚对面的人到底是什么样子的。也许在网络上"他"或"她"是一个正人君子，但在实际生活中却未必如此。网络上的形象大多是精心营造出来的假象，如果不是对网上朋友有非常深的了解，各位无论如何也不要答应在现实中见面。

 四、遇到"网络流氓"怎么办

在网络上，当我们进入聊天室之后，就会碰到很多人跟我们搭讪，其中不乏网络流氓。他们从来不会顾及他人的感受，污言秽语，即使别人不理他，他也会发一些别人不愿意接受或者是不健康的图片，令他人感到不适和厌恶。

当我们碰到这种情况的时候总是会感到气愤，但气愤之余只是无奈。虽然无法避免，但是我们应该懂得这是一种侵害和人身攻击行为，必须要想办法进行自我保护。主要保护措施包括以下几个方面。

（1）不要进入人员太复杂的聊天室，选择以学生为主的聊天社区。

（2）如果遇到任何令人感到不舒服的信件或信息，不要做出回应，而是要告诉父母，让他们帮忙处理。

（3）进入聊天室与人聊天时，如果遭受陌生人言语暴力的侵害，不要与之对骂，而是将其列入黑名单或者退出聊天室，保持不与无聊、无耻之人一般见识的平和心态。

（4）如果收到内容不健康的骚扰信件，告知父母，并把该地址存入拒收邮件地址列表。

（5）遵守网络基本礼节，不做伤害他人的事情，做个诚实的好公民。为净化网络空气贡献自己的一份力量。

网络的沟通缺乏真实性

在这里需要特别提醒的是，为了达到敲诈勒索的目的，很多犯罪分子往往用年轻漂亮的"女网友"作为饵料，引诱男子上当实施抢劫或盗窃。所以，上网的青少年一定要提高警惕，如果有陌生女生向你搭讪的时候，一定要谨慎，千万不要落入骗子、歹徒的圈套中。同样，女生也要如此，不要轻易相信陌生男生的话语，更不要私自见面，否则极可能会有危险情况发生。

 五、如何应对网络性骚扰

在网络上，最为常见的骚扰形式是语言文字型、图片画面型、情景融合型。什么是网络性骚扰呢？凡是在公众场合张贴淫秽产品和图片，在博客上将自己的私生活进行露骨的描写并张贴，以及发布自己的露点照片等都属于这种行为。

网络之所以能够产生性骚扰是因为它具有全开放性的特点：任何人登录网站后都可以任意粘贴文字、图片、视频等或是和自己感兴趣的异性通过键盘、语音聊天。因为大家根本看不到真人，所以在说什么话的时候根本不会考虑后果。在这种情况下，一些道德底线模糊的人便露出本性，变成完全不同的另外一个人，网上、网下地进行性骚扰。有关专家表示，因为目前我国网民中30岁以下的人占了91%，其中大中学生占了75%，网络性骚扰的情况难以避免。

1. 为什么网络性骚扰会如此盛行

（1）网络的交互性和匿名性使得网络性骚扰行为更为容易。

在网络中，整个社会是完全开放的，上网聊天的人根本不知道对方的相关信息，此时，人的劣根性更容易暴露出来。有些网民是以虚拟的身份出现的，根本不对自己的言论负责，所以在对他人的性骚扰方面也没有底线。

（2）现实中太过压抑。

心理专家分析，之所以会出现网络性骚扰，是有很多深层次原因的。首先是出于人本身的生理需要；其次是传统婚姻关系

安全上网

139

的束缚，导致人们更倾向于选择网络虚拟空间来宣泄欲望；第三是目前的社会环境和道德观念，使得很多人找不到合适的途径满足生理需求。综合这几方面的原因，网络上出现性骚扰的概率非常高。

2. 如何有效防止网络性骚扰

（1）远离暧昧的网络交友平台。

不去暧昧的聊天场所，不起暧昧的名字。

（2）对骚扰不予理睬。

事实证明，任何"色狼"都不想把时间浪费在没有"希望"的目标身上，因此，在遇到性骚扰的时候不要理睬，这是最好的方法。

（3）善用聊天工具的屏蔽功能。

不要泄露自己的真实信息

不少聊天工具和聊天室都有"屏蔽""隐身"和"黑名单"等功能，在聊天的时候尽量把自己隐身，同时也可以把骚扰者拉进黑名单，这也不失为一种好方法。

（4）做好"保密"工作。

在网络聊天中不要把自己的真实情况发给陌生人，以免他人在网上散布不良信息。

（5）保留证据，求助法律。

网民应该增强法律意识，如果遇到网络性骚扰，可以向公安机关举报，并注意保留证据，如聊天记录、视频记录以及IP地址……

六、怎样才能避免遭遇网络性侵犯

总的来说，在网络上容易遇上网络陷阱，是因为一些人利用青少年涉世未深、辨别力不强的弱点。但也没有必要为此放弃这个年龄段特有的纯真，没有必要因噎废食，放弃使用高科技产品。只要建立起必要的自我保护意识，端正交友态度，树立道德观念，约束自己的网络行为，正确对待自己的情感，认真学习心理健康知识，就不会留给坏人钻空子的余地。

1. 增强防范意识

现实生活中我们要提高安全观念，保护自己与他人的权益不受侵害，在网络中也不例外，不能因为现在网络法制制度还不健全而放弃这一点。

另外，还要随时警惕，一旦发现网络不法分子作案，应立即报案，这也为健全以后的网络法制做出贡献。

2. 正确认知虚拟与现实的关系

网上交往拓宽了我们的交友面。认识不同层次的朋友确实可以使我们了解在现实生活圈子里了解不到的内容。

但同样应该清楚，只要不和网友见面，所有的交往都只是属于精神层面上的交往。网友微笑的符号又怎么比得上妈妈轻柔的爱抚呢？

不要忘记，关了电脑人还得回到现实生活中。由于过度沉溺于网上交往而忽略了亲人朋友，结果只会得不偿失。

3. 完善网上道德约束

规范网上行为。由于网络的虚拟性，网上交往的道德约束大大弱化。因而网上交往中存在着大量非道德行为，粗言恶语、人身攻击、"灌水"……交友中的恶行比比皆是。

语言暴力

同时，人们对于自己的网上行为缺乏责任感，放纵自己且不计后果。互联网是个相对自由、宽松的地方，但不等于不要伦理道德。

目前，系统的网上伦理道德体系尚未建立，但我们也不能与那些网络流氓一样，使网络风气进一步恶化。

4. 正确处理网上情感

由于网上交往道德约束力不强，有些人对自己的网上情感也不加约束，任由感情泛滥。或者有些人对自己的感情缺乏理智的分析，投入感情太深，最终的结果不是对他人造成伤害，就是对自己造成伤害。

尽管我们年龄还小，但也应该逐渐学会理性、全面的思考，并对自己的感情负起责任来。如果感情陷入太深，无法自拔，可以转向父母或心理老师寻求帮助。

5．加强心理健康知识的学习

在学校开设的心理健康课上，可以学习到一些有助于自己心理健康发展的知识。这些知识不仅可以帮助自己分清什么是不良行为，什么是健康行为，还可以帮助自己防范与克服心理问题。

这不仅在现实生活中适用，在对付网络疾病时也同样适用。有了过硬的心理素质，不但在面对各种网络陷阱时可以保持冷静，出现了网络成瘾的症状后也可以尽快进行自我调节。所以，加强心理健康知识的学习不失为自我保护的一大法宝。

 七、遇到性侵犯如何自救

为了青少年能在一个健康的环境中成长，无论是社会、家庭，还是学校，都应当各司其职，各尽其责，保证青少年身心健康。其实，在青少年成长过程中，起关键作用的还是青少年自己，青少年一定要懂得保护自己的生命是最重要的。遇到危险情况的时候，一定要做到随机应变、机智灵活地与不法分子做斗争，只有这样，才有可能让自己脱离险境。

在与网友见面的时候，如果遇到性侵犯，青少年如何自救呢？

 1．周旋

在遇到事情的时候千万不要六神无主，而是保持镇定，佯装服从和拖延时间，寻找机会脱身逃走，迅速报警。

 2．呼喊

突然大声呼救，引来旁人关注，令不法分子惊恐不安，乘机脱身。

偏僻不熟悉的地方不要去

3. 耍赖

当遇到他人胁迫的时候可以倒在地上耍赖打滚，叫喊哭嚎，引来路人围观。此时，不法分子就会惊慌失措，青少年趁机呼救报警。

4. 认亲

如果看到有大人在不远处的时候，可以佯装惊喜万分，跑过去直呼大哥或叔叔，这样也可以把不法分子吓跑。

5. 抛物

将书包或身上的值钱的物品迅速抛向远处，在歹徒注意力分散时，快速脱身并报警。

6.调包

突然昏倒或者是想上厕所，或找他人借钱，或突然装肚子疼，总之，找到一切可能的办法报警。

7.放线

佯装害怕，暂时答应对方的条件，约定时间和地点交钱物，等对方离开后，马上报警。

8. 吓唬

佯装自己若无其事，理直气壮地叫出一个亲友的名字吓唬对方。

9. 说服

如果已经无法逃走，青少年应采取的办法是先与其讲道理，动之以情，晓之以理，劝之以法律，迫使其放弃违法行为。这个办法中，最需要青少年做的就是在日常生活中多学习法律相关知识。

青少年最应当记住的是，在遇到犯罪分子的时候一定要冷静，分析形势，在保证自身安全的前提下，找到最好的解决办法。

八、为什么说网婚是危险的游戏

网络婚姻简称网婚，也有人把它叫作网络婚礼，也就是在网络这一虚拟的世界里进行结婚登记，领取虚拟结婚证而缔结的婚姻关系。网络婚姻没有得到法律的承认，也不受法律的保护。网婚可以通过在聊天室里、BBS中发帖回帖、虚拟社区作相关发言以及在网络游戏中进行角色的扮演，也可以通过视频和语音的形

式进行。网络婚姻的兴起始于网络游戏。

1. 青少年为何热衷于网婚

为什么一些青少年会热衷于网婚？这在很大程度上是由现实引起的。目前不管是父母还是学校，在与青少年交谈的时候往往会避免性与婚姻的问题。于是，在青少年看来，婚姻充满了神秘感；另一方面，由于受到社会

游戏中结婚

环境的影响导致青少年对婚姻有了过早的了解，基于这种不成熟的认识导致青少年对虚拟婚姻无比神往。同时，随着学习压力越来越重，很多青少年希望通过"网络同居"来寻找一位心灵上的伴侣，放松自己，将感情释放出来。这一切都是在青少年中流行"网婚"的心理基础。因此，当父母和老师发现青少年"网婚"的时候，不必大惊小怪，更不应该粗暴阻止，应该找出产生这一现象的心理原因，并从这个角度出发，加强引导与交流，这样才能帮助青少年从"网婚"中走出来。

2. 青少年网婚有什么危害

对于涉世未深的青少年而言，"网婚"是一个美丽的陷阱，它有着相当严重的危害。青少年正处在长身体、长知识的阶段，若是这个时候陷入"网婚""网恋"，除了浪费精力、影响学习以外，还会影响身心健康，到最后只能后悔莫及。在报纸上有过

这样一篇报道，一位女学生陷入了"网恋"，由于不能承受"失恋"的打击而服毒自尽，真是耸人听闻。因此，青少年应该自觉远离"网婚""网恋"的行列。另外，对于这个问题，父母、学校及全社会都应该给予足够的重视，积极采取行动，不要让青少年掉进这一陷阱。

3. 青少年对网婚的看法

牛晓群是一名九年级的学生，她说："'网婚'只是网络里的虚拟婚姻，一个游戏而已，根本就不能当真。所以，不用谈之色变，也不用把它当作洪水猛兽一般。就像有些人尽管十分喜欢网上的'打杀'游戏，但是在现实生活中并不会真的去舞枪弄棒一样。若是父母觉得'网婚'会让我们误入歧途，想入非非，那就错了。通过电影、电视、小说、歌曲，我们早就对爱情和婚姻有了一定的认识了。所以，如果不让我们与这些东西相接触是不可能的，也不利于我们的健康成长。"

小莉是八年级的学生，14岁了，她的网名是"瑟瑟秋风起"，最近她在征集一个"同居结婚"的人。不久之前，小莉在一些网络论坛里面注册了个人空间，在那里她还"买了房子、花园和宠物"。她希望能够找到一个志同道合的"老公"，平时一起聊聊天，在网上一起生活。小莉的房间里面家具十分齐全，还养了几只小宠物狗，而在房子外面则是一座大花园，很有家的感觉。小莉认为自己已经跟不上这个时代了，都到现在了还没有"结婚"。班上很多同学都在网上"结婚"了，还有一些人已经有"孩子"了。小莉说："等我找到'老公'后，我们可以买更好的家具，到时候还要再买一只牧羊犬。"对于自己的网络生活，她充满了希望。

　　轻轻点一下鼠标，就能结婚；再点一下，就能离婚，这就是"网络婚姻"，现在它已经进入了青少年的生活。很多青少年沉溺于此难以自拔。有的青少年还向自己的同学炫耀自己有多少个"老婆"，结了多少次婚。网络是一个虚拟的世界，用"网混"来形容要比"网婚"更确切。试想，如果将自己大部分的时间都浪费在这样一个虚拟的世界里，最后自己得到的是什么？只不过是一场游戏，一场梦罢了。

　　尽管我们说"网婚"是虚拟的，不真实的，可是深受"网婚"影响的却大有人在。这些青少年对现实生活中的爱情和婚姻也是抱着游戏的心态。如果青少年现在就过于看淡人与人之间的感情，等到真的到了谈婚论嫁的年龄，谁能保证他不会将网络世界里的规则转移到现实生活中来呢？这实在是很让人担心。所以"网婚"是一座坟墓，希望大家不要抱着玩的心态去尝试这一危险的游戏。

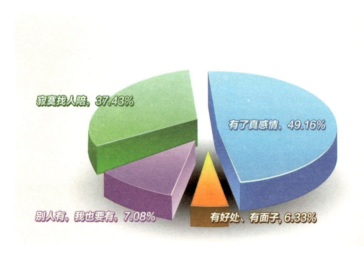

网络结婚原因调查

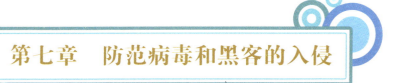

第七章　防范病毒和黑客的入侵

一、认识计算机病毒

　　信息时代，计算机病毒对于人们就如洪水猛兽一般可怕，"病毒猛于虎"啊。那么计算机病毒到底是何许物也？让我们来了解它吧。

1. 什么是计算机病毒

　　计算机病毒在《中华人民共和国计算机信息系统安全保护条例》中被明确定义，病毒是指"编制或者在计算机程序中插入的破坏计算机功能或者破坏数据，影响计算机使用并且能够自我复制的一组计算机指令或者程序代码"。计算机病毒就像生物病毒一样，有独特的复制能力。此外，计算机病毒可以很快地蔓延，又常常

计算机病毒不容易清除

149

难以根除。它们能把自身附着在各种类型的文件上。当文件被复制或从一个用户传送到另一个用户时，它就随同文件一起蔓延开来。

现在流行的病毒是由人故意编写的，多数病毒可以找到作者和产地信息，从大量的统计分析来看，病毒作者主要情况和目的是：一些天才的程序员为了表现自己和证明自己的能力，出于对上司的不满，为了好奇，为了报复，为了得

计算机病毒

到控制口令，为了软件拿到报酬而预留的陷阱等。当然也有因政治、军事、宗教、民族、专利等方面的需求而专门编写的，其中也包括一些病毒研究机构和黑客的测试病毒。

在互联网广泛普及之前，计算机病毒通常被封锁在独立的计算机中，主要依靠软盘进行传播，要进行广泛传播是比较困难的。然而在互联网普及之后，这些零散的计算机病毒仿佛一夜之间突然插上了翅膀，可以在全世界范围内随意穿梭，它们神出鬼没，在人们不经意之时向计算机系统发起攻击。

互联网的开放性，为计算机病毒的广泛传播提供了有利环境，而互联网本身的安全漏洞则为培育新一代病毒提供了绝佳的条件。为了让网页更加精彩漂亮、功能更加强大，人们开发出了ActiveX技术和Java技术，然而病毒程序的制造者也用同样的渠道，把病毒程序由网络渗透到个人计算机中。这便是近两年崛起的第二代病毒，即所谓的"网络病毒"。

2．如何判断计算机感染病毒

如何判断计算机是否中了病毒呢？如果计算机出现了下列症状，那你就要警惕了，你的电脑很可能感染了病毒，就必须利用专门软件查杀病毒或重装系统了。

（1）计算机系统运行速度减慢。

（2）计算机系统经常无故发生死机。

（3）计算机系统中的文件长度发生变化。

（4）计算机存储的容量异常减少。

（5）系统引导速度减慢。

（6）丢失文件或文件损坏。

（7）计算机屏幕上出现异常显示。

（8）计算机系统的蜂鸣器出现异常声响。

二、计算机病毒有多少种类

虽然网络病毒各式各样，种类也非常多，但是我们可以对其进行系统地分类，从而更直观地了解它们。

1．系统病毒

系统病毒的前缀为：Win32、PE、Win95、W32、W95……这些病毒的一般共有的特性是可以感染Windows操作系统的*.exe和*.dll文件，并通过这些文件进行传播，如CIH病毒。

2．蠕虫病毒

蠕虫病毒的前缀是：Worm。通过计算机网络传播，不改变文件和资料信息，具备很强的通过网络进行传播的能力。一般采

用电子邮件的方式将病毒体作为邮件的附件发出，通常不感染可执行文件，病毒本身以可执行文件的形式存在。邮件型蠕虫病毒都采用哄骗或伪装以及系统漏洞等方式来诱骗用户运行附件中的病毒程序，病毒程序被激活后会自动向系统的地址簿中的地址发送包含病毒的邮件。

中了"熊猫烧香"病毒的计算机

3. 木马病毒、黑客病毒

木马病毒的前缀是：Trojan。黑客病毒前缀名一般为Hack。木马病毒的共有特性是通过网络或者系统漏洞进入用户的系统并隐藏，然后向外界泄露用户信息；黑客病毒有一个可视的界面能对用户的计算机进行远程控制。木马、黑客病毒往往是成对出现的，即木马病毒负责侵入用户的计算机而黑客病毒则会通过该木马病毒进行控制。

4. 后门病毒

后门病毒的前缀是Backdoor。该类病毒的共有特性是通过网络传播，给系统开后门，给用户计算机带来安全隐患。

5. 病毒种植程序病毒

病毒种植程序病毒的前缀是Dropper。这类病毒的共有特性是运行时会从体内释放出一个或几个新的病毒到系统目录下，由释放出来的新病毒产生破坏，如冰河播种者、MSN射手……

6. 破坏性程序病毒

破坏性程序病毒的前缀是Harm。这类病毒的共有特性是本身具有好看的图标来诱惑用户点击，当用户点击这类病毒时，病毒便会直接对用户计算机产生破坏，如格式化C盘、杀手命令……

7. 脚本病毒

脚本病毒的前缀是Script。脚本病毒的共有特性是使用脚本语言编写，通过网页进行传播的病毒，如红色代码。脚本病毒还会有前缀：VBS、JS，如欢乐时光、十四日……

8. 宏病毒

宏病毒也是脚本病毒的一种，专门针对微软Microsoft Office软件的一种病毒，它由Microsoft Office的宏语言编写，只感染Microsoft中的Office文档，其中以Microsoft Word文档为主。

9. 玩笑病毒

玩笑病毒的前缀是Joke。也称恶作剧病毒，这类病毒的共有特性是本身具有好看的图标来诱惑用户点击，当用户单击这类病毒时，病毒会做出各种破坏操作来吓唬用户，其实病毒并没有对用户计算机进行任何破坏，如女鬼病毒。

中了熊猫烧香病毒的桌面

10. 捆绑机病毒

捆绑机病毒的前缀是Binder。这类病毒的共有特性是病毒作者会使用特定的捆绑程序将病毒与一些应用程序如QQ、IE捆绑起来。表面上看是一个正常的文件，当用户运行这些捆绑病毒时，会表面上运行这些应用程序，然后隐藏运行捆绑在一起的病毒，从而给用户造成危害，如捆绑QQ、系统杀手……

三、计算机病毒有什么危害

众所周知，计算机病毒对计算机带有很大的危害性。随着用户对计算机的运行速度要求越来越高，计算机病毒却给计算机带来了很多困扰，经常会出现半天没有响动的情况，如果情况严重的话，会导致死机。在企业和银行里，企业的管理和财务信息以及银行的所有账目都用电脑的数据库在管理着，一旦电脑感染了病毒，造成这些宝贵数据丢失，后果不堪设想。那么，我们就来了解一下病毒的危害。

1. 破坏计算机内的信息数据

大部分病毒在激发的时候直接破坏计算机的重要信息数据，所利用的手段有格式化磁盘、改写文件分配表和目录区、删除重要文件或者用无意义的垃圾数据改写文件、破坏计算机设置等。例如，有一种磁盘杀手病毒，内含计数器，在硬盘染毒后累计开机时间48个小时内激发，

计算机病毒的抽象图

激发的时候屏幕上显示"Warning!! Don't turn 0ff power or remove diskette while Disk Killer is Processing!"（警告！DISKKILLER正在工作，不要关闭电源或取出磁盘），同时改写硬盘数据。在这个过程中，被DISKKILLER破坏的硬盘可以用杀毒软件修复，不要轻易放弃。在计算机病毒破坏数据之后，不仅原程序不能够再运行，原程序也不能恢复，而且在清除病毒时也特别麻烦。所以，一定要提防病毒的破坏。

2. 占用磁盘空间和对信息的破坏

寄生在磁盘上的病毒总要非法占用一部分磁盘空间。

引导型病毒的一般侵占方式是由病毒本身占据磁盘引导扇区，而把原来的引导区转移到其他扇区，也就是引导型病毒要覆盖一个磁盘扇区。被覆盖的扇区数据永久性丢失，无法恢复。

文件型病毒利用一些磁盘操作系统功能进行传染，这些DOS功能能够检测出磁盘的未用空间，把病毒的传染部分写到磁盘的未用部位去。所以在传染过程中一般不破坏磁盘上的原有数据，

但非法侵占了磁盘空间。虽然我们知道病毒一般是很短的程序，而且往往寄生在文件空隙中，所以病毒本身不会占用太多的空间。但是，一些文件型病毒传染速度很快，在短时间内感染大量文件，每个文件都不同程度地加长了，而且使得这些文件都带上病毒，这就造成磁盘空间的严重浪费。

3. 抢占系统资源

大多数病毒在动态下都是常驻内存的，这就必然抢占一部分系统资源。病毒所占用的基本内存长度大致与病毒本身长度相当。病毒抢占内存，导致内存减少，一部分软件不能运行。

除占用内存外，病毒还抢占中断，干扰系统运行。计算机操作系统的很多功能是通过中断调用技术来实现的。病毒为了传染激发，总是修改一些有关的中断地址。在正常中断过程中加入病毒的"私货"，从而干扰系统的正常运行。

4. 影响计算机运行速度

病毒进驻内存后不但干扰系统运行，还影响计算机速度。

（1）病毒为了判断传染激发条件，总要对计算机的工作状态进行监视，这相对于计算机的正常运行状态既多余又有害。当病毒在运行监视计算机功能时，占用内存和中央处理器（CPU），就像杀毒软件扫描过程一样，使计算机运转速度降低。

CPU是电脑的核心部件

（2）有些病毒为了保护自己，不但对磁盘上的静态病毒加密，而且进驻内存后的动态病毒也处在加密状态，CPU每次寻找到病毒处时要运行一段解密程序把加密的病毒解密成合法的CPU指令再执行，而病毒运行结束时再用一段程序对病毒重新加密。这样CPU需额外执行数千条以至上万条指令。

 四、计算机病毒有哪些传播途径

 1. 计算机病毒的主要传染途径

计算机病毒主要通过以下两种途径传染：一种是通过移动存储设备传染；另外一种是通过网络传染。

其中最为普遍的传染途径是第一种。因为使用带病毒的移动存储设备，首先电脑感染病毒，并传染给未被感染的"干净"移动存储设备，然后，这些感染上病毒的移动存储设备再将病毒传染给其他的电脑。所以，大量的移动存储设备交换、合法或非法的程序复制等是造成病毒传染并泛滥蔓延的一种途径。通过网络传染的速度特别快，能在很短的时间内使网络上的计算机都受到感染。

 2. 早发现病毒的方法

如果想要弄清楚自己的电脑是否染有病毒，最简单的方法是使用较新的反病毒软件对磁盘进行全面的检测。但是这种方法相对病毒来说是滞后的，那么，如何及早地发现新病毒呢？其实，任何病毒在入侵系统的时候，都有一些蛛丝马迹。

首先应注意内存情况，绝大部分的病毒是要驻留内存的，注意被占用的内存数是否无故减少。

其次应注意常用的可执行文件的字节数。绝大多数的病毒在对文件进行传染后会使文件的长度增加。在查看文件字节数时应首先用纯净系统盘启动。

计算机内存

其他如出现软件运行速度变慢（磁盘读盘速度影响除外），输出端口异常等现象都有可能是病毒造成的。

3. 防中毒的注意事项

一般来说，防止计算机中病毒需要注意以下几点。

（1）不用来历不明的系统启动盘启动系统，只使用无毒的引导盘来启动系统。

（2）轻易不要执行从别人那里拿来的可执行文件，除非能保证它没有被病毒感染。

（3）使用Word打开Word文档时，对于来历不明的宏，不要打开。

（4）安装反病毒软件，例如瑞星或Norton Antivirus。

（5）定期使用杀毒软件查杀计算机病毒。

（6）将CMOS中的VIRUSWARNING设为Enabled。

我们在使用杀毒软件的时候，一定需要定期更新病毒库。

目前，市场上出售的杀毒软件有瑞星、KV300、KILL、VRV、NAV、AV98……购买这些软件后，要注意及时更新病毒库。在杀毒的时候，一定要用干净的可移动存储设备引导系统。

 五、怎样防止电脑病毒侵入

随着计算机的普及和应用的不断发展，必然会出现更多的计算机病毒，这些病毒将会以更巧妙、更隐蔽的手段来破坏计算机系统的工作，因此每个人必须认识到计算机病毒的危害性，了解计算机病毒的基本特征，增强预防计算机病毒的意识，掌握清除计算机病毒的操作

卡巴斯基杀毒软件

技能，在操作计算机过程中自觉遵守各项规章制度，保证计算机的正常运行。

 1. 定期查杀病毒

定期用几种不同的杀毒软件对磁盘进行检测，以便发现病毒并能及时清除；对于一些常用的命令文件，应记住文件的长度，一旦文件改变，则有可能传染上了病毒。

传统的杀毒软件对木马和流氓软件的防范效果并不尽如人意。因此，即便是使用正版杀毒软件的同学，也应该定期进行扫描，通过对系统进程、可疑文件的分析判断，尽力地杜绝可能存

在的威胁。另有一些常用的安全工具也具备木马和流氓软件的防杀功能。

2. 动态检查异常现象

在操作过程中，要注意种种异常现象，发现情况要立即检查，以判别是否有病毒。常见的异常有：异常启动或经常死机；运行速度减慢；内存空间减少；屏幕出现紊乱；文件或数据丢失；驱动器的读盘操作无法进行等。

3. 及时给系统打补丁

大多数木马、病毒是利用系统漏洞加以传播和进行破坏的，像人们熟知的熊猫烧香、机器狗等，与其中了招事后查杀，还不如先打好补丁来得踏实。常规的做法是开启Windows的自动更新，及时安装最新的系统补丁。

系统安装盘

此外，游戏网站的漏洞造成了相当数量的用户感染木马病毒，简便的方法是使用专业的网络安全工具进行漏洞修复，像人们常用的360安全卫士、超级兔子等，都具备这一功能。

4. 使用安全浏览器

很多同学在访问某些网页后会发现，浏览器主页被篡改、广告弹窗层出不穷，电脑运行速度特别慢。那么，如何才能防止病毒的侵袭呢？在浏览器上杜绝侵害是最为实用的防毒措施，安全浏览器便具备根据恶意网址库，以及动态识别网页中恶意代码的方式对恶意网站和钓鱼网站进行实时智能拦截的功能。

5. 对重点信息和数据进行保护

如今的木马和恶意软件不单单是技术型黑客高手的恶作剧，每一轮木马的传播都存在明确的目标，这要求每个人都必须重视自身信息和数据的保护。目前保护账号密码安全的主流软件有360保险箱和超级巡警账号保护神。对于一些不能外泄的重要数据和隐私信息，则可以使用加密程序进行加密，这是最好的保护措施。

6. 别盲目下载文件

在网络中，我们可以享受无穷尽的资源，但是也有隐藏病毒的危险。无论是图片、音频还是文本，任何格式的文件都可能在其中合成木马。当下载来历不明的文件或他人邮件中的附件时，一定要做好安全防御工作，尽可能使用带有在线扫描功

木马入侵的移动介质

能的下载工具。如果是下一些常用软件或者是游戏，则可以选择官网或者是太平洋电脑网等正规下载站下载。

7. 禁止移动存储设备自动运行

病毒传播的另一个重要途径是U盘、移动硬盘，如果不注意

的话可能导致"格盘"。通常来说,它的运行机制是通过双击盘符自动运行。所以,杜绝病毒最为关键的是禁用所有磁盘的自动运行,及早预防。

具体的操作过程是:单击"开始"菜单,在"运行"中输入gpedit.msc,按回车后进入"用户配置",进而逐项选择"管理模板""系统",双击右侧列表里的"关闭自动播放",并选择"所有驱动器",然后点击"已启动",确定后退出。

 六、杀毒软件是如何工作的

通常来说,检测病毒是通过检测软件来完成的。在这里我们可以了解一下检测软件的工作原理,同时也学习一些具体的检测办法。

1. 严密监控内存RAM区

对随机存取存储器的监控主要包括3个方面。

(1)跟踪内存容量的异常变化。

内存容量由内存0000:004BH处的一个字单元来表示。正常情况下,该处的一个字表示以Kb为单位的内存容量。由于系统型病毒在侵入系统后,一般都要对内存容量进行修改,以便保护其放在内存高端的病毒程序不被其他程序或COMMAND.COM文件的暂驻部分所覆盖。所以,如果软件检测到内存容量发生了某些异常变化,则表明可能有病毒存在。

(2)对中断向量进行监控、检测。

此原理与病毒报警软件有关部分相同。由于电脑操作系统对硬盘、光驱、键盘、显示器等外围设备的管理都建立在中断系统上，所以，病毒检测一般都要监视中断。

（3）对RAM区进行扫描。

利用检测软件中所储存的大量病毒特征值，对RAM区中的所有字符串进行扫描。如果发现RAM中的某些字符串与已知病毒的特征值字符串相同，则表明内存中已驻留了这种病毒，应立即采取措施。

木马入侵

2．监控磁盘引导扇区

系统型病毒主要危害引导扇区，所以对引导扇区的严格监控可以有效检测出系统型病毒。通常来说，检测病毒感染的方法有以下几种。

（1）代码有变。

（2）扫描引导扇区的所有字符串。

（3）全方位扫描磁盘文件。检测软件对系统中的所有文件进行扫描，查找病毒特征值字符串，以确定是否有病毒被检测出来。它是针对文件型病毒的一种作用方式。这种办法在用户使用杀毒软件时最常用。这个清扫过程就包括扫描内存，扫描引导区、扫描硬盘，有时候还扫描插入在电脑里面的磁盘或者U盘。

3．病毒的检测办法

在了解了病毒检测软件的工作原理后，我们就能够检测出病毒了，由于病毒寄生在电脑里面，所以可以在它可能寄生的地

方检测出来，并将其杀掉。下面我们了解一下有哪些病毒检测方法。

（1）特征代码法。

特征代码法是使用最为普遍的病毒检测方法，同时是检测已知病毒的最简单、开销最小的方法。

特征代码查毒就是检查文件中是否含有病毒数据库中的病毒特征代码。采用病毒特征代码法的检测工具，

绝大部分的病毒是通过网络入侵

必须不断更新版本，否则检测工具便会老化，逐渐失去实用价值。病毒特征代码法对从未见过的新病毒无法检测。因此，很多电脑用户总是在抱怨自己的病毒软件并没有发现入侵的病毒，或许是因为杀毒软件已经过时，或许是没有加入新的病毒库，对新的病毒代码不识别，因而无法检测。所以，为了保护自己电脑的安全，一定要尽快升级自己的杀毒软件。

（2）校验和法。

计算正常文件的校验和，写入文件中保存。定期检查文件的校验和与原来保存的校验和是否一致，可以发现文件是否感染病毒，这种方法叫校验和法，它不仅可以发现已知的病毒，也可以发现未知的病毒。但因为病毒感染并非文件内容改变的唯一原因，文件内容的改变有可能是正常程序引起的，所以校验和法常常误报警。但是这种方法会影响文件的运行速度。所以用监视文件的校验和来检测病毒，不是最好的方法。

然而，校验和法也是有很多优点的，如方法简单，既能发现未知病毒，也能发现被查文件的细微变化。但也存在缺点，如对文件内容的变化过于敏感、会误报警、不能识别病毒名称、不能对付隐蔽型病毒等。

　　（3）行为监测法。

　　所谓行为监测法是指利用病毒的特有行为特征性来监测病毒的方法。通过对病毒多年的观察和研究，有一些行为是病毒的共同行为，而且比较特殊。在程序运行的过程

中毒后要尽快断开路由器并查杀

中，要对其行为进行监测，如果发现了异常，要马上报警。

　　行为监测法的长处是可发现未知病毒、可相当准确地预报未知的多数病毒。但是也有一些缺点，那就是可能误报警、不能识别病毒名称、实现时有一定难度。

　　（4）软件模拟法。

　　这种办法以后演绎为虚拟机查毒、启发式查毒技术。总之，这种技术还是比较成熟的。

七、黑客是一群什么样的人

　　相信青少年朋友都知道黑客，如果大家看过《黑客帝国》，一定会被电影里黑客神秘的形象所吸引。在现实的网络世界里，黑客同样也是最神秘的一个名字，总之，黑客给我们的感觉除了神秘就是技艺高超。下面就让我们直面黑客，揭开他们的神秘面纱。

　　被称为黑客的人都是计算机高手，都有一些与众不同的特点，人们又把他们当作网络时代的"牛仔"。他们在网络空间自由穿梭，从一台计算机进入另一台计算机，不留任何痕迹，有人将他们当作罪犯，而有的人认为他们是英雄，有的人认为他们是网络犯罪的源泉，而有的人又将他们当作是网络时代的警察与执法者。那么，到底什么是黑客呢?

　　黑客原意是指用斧头砍柴的工人。20世纪60年代，黑客被引进计算机圈。加州柏克莱大学计算机教授BrianHarvey在考证此词时曾写到，当时麻省理工学院（MIT）的学生通常分成两派：一是tool，意指乖乖派学生，成绩都拿甲等；另一则是所谓的骇客，也就是常逃课，上课爱睡觉，但晚上却又精力充沛，喜欢搞课外活动的学生。

黑客入侵

在黑客圈中，hacker一词无疑是带有正面的意义，例如systemhacker熟悉操作系统的设计与维护；passwordhacker精于找出使用者的密码；若是computerhacker则是通晓计算机，可让计算机乖乖听话的高手。有些黑客试图破解某系统或网络以提醒该系统所有者的系统安全漏洞。这些人被称作"白帽黑客""匿名客""红客"。他们往往在电脑安全公司工作，而且会在合法情况下攻击某系统。

如今，黑客地位已经发生了很大变化。他们已经发展成网络上的一个独特的群体。与常人相比，他们有着不同的理想和追求，有着自己独特的行为模式，在网络中出现的很多黑客组织都是由一些志同道合的人形成的。那这些人是从什么地方来的呢？他们从事什么样的职业？事实证明，除了极少数的职业黑客以外，大多数都是业余的，他们与平常人一样，甚至一个中学生都可以成为黑客。

有人曾经对黑客年龄这方面进行过调查，组成黑客的主要群体是18～30岁之间的年轻人，大多是男性，但也有一些女性加入进来。他们多为学校学生，因为爱好计算机，也有充足的上网时间，所以做起了黑客。还有一些黑客大多都有自己的事业或工作，如程序员、资深安全员、安全研究员、职业间谍、安全顾问……这些人的技术相对较高，但也是从基层一步步走过来的。

现在网络上"黑客"这个词十分流行，意思却变成了"非法入侵计算机系统的人"。其实，许多专家都知道，这种人应该叫作"Cracker"（破坏者或者黑客）。

无论怎样给他们下定义，他们都有两个特征：一个是计算机方面的高手；另一个是具有侵入其他系统的能力。

 八、黑客攻击常用的几种方式

黑客攻击主要有以下几种方式。

1. 获取口令

（1）通过网络监听非法得到用户口令，虽然这种方法带有一定的局限性，但是却有很大的危害。监听者往往能够获得其所在网段的所有用户账号和口令，严重威胁局域网的安全。

（2）在知道用户的账号后，利用一些专门软件强行破解用户口令，这不受网段的限制，但需要黑客有足够的耐心和时间。

黑客杂志

（3）在获得一个服务器上的用户口令文件后，用暴力破解程序破解用户口令，其前提是黑客获得口令的Shadow文件。

2. 放置木马程序

特洛伊木马程序可以直接侵入用户的计算机并进行破坏，它常被伪装成工具程序或者游戏等，诱使用户打开带有特洛伊木马程序的邮件附件或从网上直接下载，一旦用户打开了这些邮件的附件或者执行了这些程序之后，它们就会像古特洛伊战争中希腊人在特洛伊城外留下的藏满士兵的木马一样留在用户的计算机中，并在用户的计算机系统中隐藏一个可以在Windows启动时悄悄执行的程序。

3. WWW的欺骗技术

在网上的用户可以利用IE等浏览器进行各种各样的Web站点的访问，如阅读新闻组、咨询产品价格、订阅报纸、电子商务……然而一般的用户恐怕不会想到有这些问题存在：正在访问的网页已经被黑客篡改过，网页上的信息是虚假的。这属于黑客的欺骗手段。

4. 电子邮件攻击

电子邮件攻击主要有两种方式。

（1）电子邮件轰炸和电子邮件"滚雪球"，即通常所说的邮件炸弹，它指的是用伪造的IP地址和电子邮件地址向同一信箱发送数以千计、万计甚至无穷多次的内容相同的垃圾邮件，致使受害人邮箱被"炸"，如果情况严重的话还会导致电子邮件服务器操作系统瘫痪，危害特别大。

（2）电子邮件欺骗，攻击者谎称自己为系统管理员，给用户发送邮件要求用户修改口令或在貌似正常的附件中加载病毒或其他木马程序，如果发现了这种欺骗行为，电脑用户一定要加以警惕。

计算机的安全不能只靠杀毒软件

5. 网络监听

网络监听是主机的一种工作模式，在这种模式下，主机可以接收到本网段在同一条物理通道上传输的所有信息，从来不关注这些信息的发送方和接受方。

6. 寻找系统漏洞

许多系统都有这样那样的安全漏洞，其中某些是操作系统或应用软件本身具有的，如Sendmail漏洞，Win中的共享目录密码验证漏洞和IE5漏洞……这些漏洞在补丁未被开发出来之前一般很难防御黑客的破坏，如果想要避免，就要把网线拔掉。另外，还有一些漏洞是由于系统管理员配置错误引起的，如在网络文件系统中，将目录和文件以可写的方式调出，将未加Shadow的用户密码文件以明码方式存放在某一目录下，这都会给黑客以可乘之机，所以用户在发现这种情况之后，一定要及时改正。

7. 利用账号进行攻击

有的黑客会利用操作系统提供的缺省账户和密码进行攻击，例如许多UNIX主机都有FTP和Guest等缺省账户，有的甚至没有口令。黑客用UNIX操作系统提供的命令收集信息，不断提高自己的攻击能力。这需要系统管理员提高警惕，通过将系统提供的缺省账户关掉或提醒无口令用户增加口令等一般都能克服。

8. 偷取特权

利用各种木马程序、后门程序和黑客自己编写的导致缓冲区溢出的程序进行攻击，前者可使黑客非法获得对用户机器的完全控制权，后者可使黑客获得超级用户的权限，从而拥有对整个网络的绝对控制权。这种手段危害特别大。

九、如何防范黑客的攻击

为了保护网络资源，青少年在上网的时候，一定要时刻保持警惕，将反黑客进行到底。通常来说，如果想要反黑客，可以采用以下几种形式。

1. 取消文件夹隐藏共享

WindowsXP有个特性，它会在我们的计算机启动时自动将所有的硬盘设置为共享。这虽然方便了局域网用户，但对个人用户来说这样的设置是不安全的。此时，只要连上网

文件夹的设计图

线，网络上的任何人都可以共享你的硬盘，随意进入你的计算机中。所以，如果想要防止黑客进入，一定要关闭共享。

关闭XP默认共享的方法：点击"开始"菜单中的"控制面板"，找到"管理工具"，点击其中的"服务"，在打开的"服务"窗口中找到"Server"服务，用鼠标右键单击它，选择弹出菜单中的"属性"，再点击"常规"标签，在该标签下把"启动类型"下拉列表框中的"已禁用"选中，原因是"Server"服务是系统默认的和共享有关的服务，支持计算机通过网络的文件、打印和命名管道，把该服务禁止就不能再共享硬盘了。

2. 封死黑客的"后门"

如果黑客能够侵袭电脑，肯定是因为有系统给他们开后门了。只要找到这个后门，然后将其封住，黑客必然无处下手。

（1）删掉不必要的协议。

对于服务器和主机来说，一般只安装TCP/IP协议就够了。鼠标右击"网络邻居"，选择"属性"，再鼠标右击"本地连接"，选择"属性"，卸载不必要的协议。

（3）禁用Guest账号。

有很多入侵都是通过这个账号进一步获得管理员密码或者权限的。如果不想把自己的计算机给别人当玩具，最好还是禁止。其基本操作方法是，打开控制面板，双击"用户和密码"，单击"高级"选项卡，再单击"高级"按钮，弹出本地用户和组窗口。在Guest账号上面点击右键，选择属性，在"常规"页中选中"账户已停用"。另外，将Administrator账号改名可以防止黑客知道自己的管理员账号，这会在很大程度上保证计算机安全。

（2）关闭"文件和打印共享"。

文件和打印共享应该是一个非常有用的功能，然而，在不需要它的时候，也容易变成黑客入侵的安全漏洞。因此在没有必要使用"文件和打印共享"的情况下，可以将它关闭。用鼠标右击"网络邻居"，选择"属性"，然后单击"文件和打印共享"按钮，将弹出的"文件和打印共享"对话框中的两个复选框中的勾去掉即可。

3. 隐藏IP地址

黑客经常利用一些网络探测技术来查看我们的主机信息，其为的就是得到网络中主机的IP地址。IP地址在网络安全上是一个很重要的概念，如果攻击者知道了你的IP地址，也就说明了他已经找到了攻击目标，他可以向这个IP发动各种进攻，所以要想办法隐藏IP地址。其中主要的方法是使用代理服务器。

由路由器自动分配地址可以防止IP攻击

4. 关闭不必要的端口

黑客在入侵时常常会扫描你的计算机端口，如果安装了端口监视程序，该监视程序则会有警告提示。如果遇到这种入侵，可用工具软件关闭用不到的端口。

5. 更换管理员账户

Administrator账户拥有最高的系统权限，一旦该账户被人利用，就会产生难以想象的后果。黑客入侵的常用手段之一就是试图获得Administrator账户的密码，所以我们要重新配置Administrator账号。

首先是为Administrator账户设置一个强大复杂的密码，然后我们重命名Administrator账户，再创建一个没有管理员权限的Administrator账户欺骗入侵者。这样就可以让入侵者混淆，难以弄清真正拥有管理员权限的账户，同时也降低了受侵入的危险。

6. 安装必要的安全软件

我们还应在计算机中安装并使用必要的防黑软件，其中最需要的就是杀毒软件和防火墙。在上网时打开它们，这样可以防止黑客的入侵。

7. 防范木马程序

木马程序会窃取所植入计算机中的有用信息，所以我们也要防止被黑客植入木马程序，通常来说，防止木马程序的办法有：

（1）在下载文件时先放到自己新建的文件夹里，再用杀毒软件来检测，起到提前预防的作用。

（2）在"开始"→"程序"→"启动"或"开始"→"程序"→"Startup"选项里看是否有不明的运行项目，如果有，删除即可。

8．不要回陌生人的邮件

有些黑客可能会冒充某些正规网站的名义，然后编个冠冕堂皇的理由寄一封信给你要求你输入上网的用户名称与密码，如果按下"确定"，你的账号和密码就进了黑客的邮箱。因此，千万不要随便回复陌生人的邮件。

9．做好IE浏览器的安全设置

ActiveX控件和Applets有较强的功能，但也存在被人利用的隐患，网页中的恶意代码往往就是利用这些控件编写的小程序，只要打开网页就会被运行。所以要避免恶意网页的攻击只有禁止这些恶意代码的运行。IE浏览器对此提供了多种选择，具体设置步骤是："工具"→"Internet选项"→"安全"→"自定义级别"，建议您将ActiveX控件与相关选项禁用。

网络上的钓鱼

另外，在IE浏览器的安全性设定中我们只能设定Internet、本地Intranet、受信任的站点、受限制的站点。不过，微软在这里隐藏了"我的电脑"的安全性设定，通过修改注册表把该选项打开，可以使我们在对待ActiveX控件和Applets时有更多的选择，并对本地计算机安全产生更大的影响。

 十、防范网络攻击有哪些高招

安全上网是大家都比较关心的，互联网中虽然有很多优秀网站，但垃圾网站、病毒网站、恶意网站也有不少，如何让自己的电脑安全上网是很多电脑新手比较关心的问题，大家往往开始并不怎么关心上网安全，等到QQ账号被盗、网上银行账号被盗、电脑运行缓慢、电脑部分软件无法使用、浏览器自动关闭，或总是无响应等情况发生时才意识到了安全上网的重要性。

安全防护

安全上网其实也没什么特别的方法，只是要做防备工作和一般应对方案。中病毒并不可怕，可怕的是明明知道中病毒了却束手无策，不知道为什么中毒。

网络就是一个社会，在其中，真善美与假恶丑都得到了形象化的体现。所有游戏中的盗号，与现实生活中的盗窃没有什么两样。盗窃者用各种各样的方式，巧妙地设置木马、诈骗、陷阱，将游戏用户骗入网中，其目的就是将玩家的财产窃走，然后通过交易平台将其贱卖成人民币。很多玩家辛辛苦苦花了巨大精力、时间、金钱建立的账号，却被盗号者以原价1/10都不到的价格卖掉。

那么，如何防范网络攻击呢？

1. 设置"Internet选项"

在控制面板中的"Internet选项"中，进行合理的"安全"

设置，不要随意降低安全级别，以减少来自恶意代码和ActiveX控件的威胁，在系统推荐的默认设置级别"中"的基础上，点击"自定义级别"按钮，可以进一步进行更严格的设置，建议尝试着每次只更改一两个项目，如果导致不能正常上网，或者上网不方便了，则适当地降低安全设置，多试几次直到找到适合自己的最佳安全设置组合。

2. 从正规网站下载软件

一些网上论坛或者公共新闻组常常是病毒制造者发布新病毒的地方，尽量不要从这些地方下载软件，要下载软件的话，到大家都比较熟悉的专业网站进行下载，以有效保证下载软件的安全。

3. 收到邮件先杀毒

如果收到邮件附件中有可执行文件（如.exe、.com等）或者带有"宏"的文档（.doc等），不要直接打开，最好先用"另存为"把文件保存到磁盘上，然后用杀毒软件查杀一遍，确认没有病毒后再打开。不要打开扩展名为vbs、shs或者pif的附件，因为这类文件几乎不会作为正常的附件发送，却经常地被病毒或蠕虫所利用。如果收到不明邮件，一定不要随便点击其中的链接，防止其带有恶意代码。同样，我们在上网的时候，也不要经不住一些无聊话语的诱惑，轻易点击一些无名小站的不明链接，因为它们经常被用来引诱用户去执行该文件。

4. 不随意接收陌生人发来的文件

除非对方是你绝对信得过的朋友，且已经约定好了要发送文件，否则，不要随意接收从在线聊天系统发送过来的文件。

 5. 让病毒文件原形毕露

在资源管理器中，选择"工具"—"文件夹选项"—"查看"，去掉"隐藏已知文件类型的扩展名"前的对号，这样就可以使那些想伪装成正常文件的病毒文件原形毕露，发现有什么异常扩展名的文件，应该禁止使用或者直接删除。

十一、防火墙能保护上网安全吗

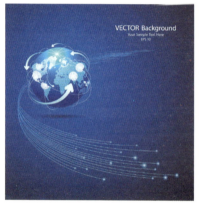

防火墙是一种比较常用的防止黑客进入电脑的工具。如今，在网络世界中，防火墙的形式多样。无论是何种防火墙，它们的工作原理都很相近。防火墙也是一种软件，与杀毒软件有点相似，在防火墙软件中也有很多的资料，它能够识别黑客入侵的行为，进而将其阻止在门外。现在，我们就来了解一下防火墙的工作原理。

网络的自我保护很关键

 1. 认识防火墙

防火墙是一个或一组系统，它在网络之间执行访问控制策略。实现防火墙的实际方式各不相同，但是在原则上，防火墙可以被认为是这样一对机制：一种机制是拦阻传输流通行，另一种机制是允许传输流通过。一些防火墙偏重拦阻传输流的通行，而另一些防火墙则偏重允许传输流通过。防火墙的最重要的概念就是它实现了一种访问控制策略。如果你不太清楚你需要允许或否决哪类访问，你可以让其他人或某些产品自动配置防火墙，然后为你全面地制订访问策略。

2. 防火墙防什么

一些防火墙只允许电子邮件通过，因而保护了网络免受除对电子邮件服务攻击之外的任何攻击。另一些防火墙提供不太严格的保护措施，又是拦阻一些众所周知的问题的服务。

上网时一定要运行防火墙

一般来说，防火墙在配置上是防止来自"外部"世界未经授权的交互式登录的。这大大有助于防止破坏者登录到用户网络中的计算机上。一些设计更为精巧的防火墙可以防止来自外部的传输流进入内部，但又允许内部的用户可以自由地与外部通信。如果切断防火墙的话，它可以保护用户免受网络上任何类型的攻击。

防火墙的另一个非常重要的特性是可以提供一个单独的"拦阻点"，在"拦阻点"上设置安全和审计检查。防火墙可以发挥一种有效的"电话监听"和跟踪工具的作用。防火墙提供了一种重要的记录和审计功能；它们经常可以向管理员提供一些情况概要，提供有关通过防火墙的传输流的类型和数量以及有多少次试图闯入防火墙的企图等信息。

3. 防火墙的基本类型

（1）网络级防火墙。

网络级防火墙一般根据源、目的地址作出决策，输入单个的IP包。一台简单的路由器是"传统的"网络级防火墙，因为它不能作出复杂的决策，不能判断出一个包的实际含意或包的实际出处。现代网络级防火墙已变得越来越复杂，可以保持流经它的接入状态、一些数据流的内容等有关信息的判断。其优点是速度比较快，对用户有很大的透明性。

（2）应用级防火墙

应用级防火墙一般是运行代理服务器的主机，它不允许传输流在网络之间直接传输。并对通过它的传输流进行记录和审计。因为代理应用程序是运行在防火墙上的软件，所以，它处于实施记录和访问控制的理想位置。应用级防火墙可以被用作网络地址翻译器，因为传输流通过有效地屏蔽掉起始接入原址的应用程序后，从一面进来，从另一面出去。在某些情况下，设置了应用级防火墙后，可能会对性能造成影响，会使防火墙不太透明。与网络级防火墙相比，应用级防火墙安全性更高。

未来的防火墙应当处于网络级防火墙与应用级防火墙之间的某一位置。网络级防火墙可能对流经它们的信息越来越"了解"，而应用级防火墙将变得更加"低级"和透明。最终的结果将是能够对通过的数据流记录和审计的快速屏蔽系统。

越来越多的防火墙中都包含了加密机制，使它们可以在Internet上保护流经它们之间的传输流。具有端到端加密功能的防火墙可以被使用多点Internet接入的机构所用，这些机构可以将Internet作为"专用骨干网"，不必担心自己的数据或口令被偷看。

十二、怎样防止网络账号密码被别人破解

日常生活中常常需要设置密码，比如QQ、E-mail和上网账号等，如果用户稍有不慎，密码就会被盗，或者密码已被别人更改，不能再使用。

随着现代科技的发展，黑客们的攻击手段也越来越猖

高性能防火墙

獗。网络上的普通账号和密码对于他们来说，非常容易破解。尤其是网络中的Web、FTP和E-mail等资料，如果未经加密，将很容易被黑客破解。

1. 设置密码的几个原则

用户经常按照某个规律、原则来设置密码，如学号、生日、电话及英文名字等。这样的密码其实非常容易被破解。黑客们只要通过一些密码字典使用"穷举法"便可破解。

为了提高密码的安全性，下面提出几个方案，供用户参考。

（1）设置复合式密码。

为了防止黑客们使用密码字典猜出密码，在设置密码时最好不要使用规则字符。用户可使用英文和中文合并在一起形成的复合式密码，提高密码被破解难度。比如，一个文件资料，姓名是"张三"，生日是"10.06.1980"，便可以设置密码为"ZS10061980"。这个复合式密码只有自己才知道，若是感觉这个密码还不安全，可以再加上其他一些字符。比如可以加上

"!、◎、¥"等。总之，把密码设置得复杂一点没有坏处。

（2）设置没有规则的密码。

若是设置了一个有规则性的密码，密码所保护的对象也会十分危险。因为不管是黑客还是普通人通过猜测，都可以很轻易地获知密码。所以，要设置一个没有规则的密码。

（3）增加密码长度。

如果密码位数太少，密码还是很容易被别人破译的。这一点也是在设置密码时常常会疏忽的一件事，因此，设置密码时除了注意不要按常规设置密码外，还需要注意密码的长度。一般而言，密码位数越多越好，最好在6位以上，一般6～10位就可以了，设置位数过多反而会适得其反，不利于用户使用。

2. 如何防止别人暴力猜码

暴力猜码是指利用密码可能组成的排列组合，一个一个地猜，直到猜中为止。虽然这种方法看似很笨、概率很小，但是有了高速的计算机处理器，这样大型的计算就可以很快处理完成。那么，应该如何应对黑客暴力猜码呢？

游戏登陆需要密码

（1）根据拼音输入法进行编码。

一个中文字编译成几个按键的组合，且具有顺序性，而若以自己的中文代号作为密码，那么编码就会变得非常难以猜解。比如，"密"这个字，在键盘上的输入方式是mi4，假设用户要以"设置密码"这样的一段话来做密码，通过拼音编码的情形如下：she4zhi4mi4ma3，上述编码是以注音输入的方式输入的，而由键盘所对应的字母与数字所形成的密码，这样的编码方式即使公开，随着所使用的"中文字"的不同，演算的方式也就不同了，就很难破解了。

（2）根据英文字母的顺序和对应数字进行编码。

使用数字密码非常不安全，很容易被他人猜出来，而英语字母则比它强几倍，有一个小技巧就可以把数字密码转换成英文字母密码。通过自制一种英文数字编码，把英文和数字进行相互转换，让别人无法猜测密码的真正含义。但是，制定的编码规则一定得自己看懂才行。否则连自己都会被密码拒绝在电脑操作外，就得不偿失了。这样的密码如"abc=123"。

十三、QQ被盗有哪些原因

为什么QQ的密码那么容易被人盗呢？事实上，很多时候，这种情况的发生并不是QQ软件本身的问题。如果想要真正解决QQ号码被盗问题，最为关键的是弄明白被盗的原因，然后找到解决的办法。通常来说，QQ号码被盗的主要原因包括以下几个方面。

1. 密码设置太简单

现在网上流传的一些QQ密码猜解器其实是采用穷举法来一个个推算密码的，当你的密码长度很短或者太简单的时候，就容易被这些猜解器在短时间内猜解出来。只要你的密码长度大于8位而且大小写混杂，再加上一些符号的话，是很难被猜到的。在

这里特别提醒的是，千万不要用自己的生日或者是电话号码来设置密码。

2. 木马盗号

互联网上的"木马"是一种病毒程序，这些小程序往往会附着在一些黑客工具软件上或其他软件上，很多网友因为好奇或者为了报复他人就去下载一些来路不明的炸弹、断线、猜密码等工具，这些东西有可能被人加了木马程序，当你正在享受炸别人、黑别人的快感时，其实也在遭受木马的袭击。所以一定要加以防范。

盗号木马

一些新近流行的木马有非常强的隐蔽性，它可以截获你所有的键盘输入，并将其保存结果定时发到指定地址的计算机或者用邮件发到某个邮件地址，因为在键盘输入的时候被木马偷听到了，所以被盗QQ密码也就成了理所当然的事情了。

QQ本身的保密性其实是很强的，只要网民能够做到不下载来路不明的软件，一定可以保证QQ安全，而且能够保证自己的合法权益不受侵害。

3. 被人骗取QQ密码

有人冒用腾讯的名义，向用户发出中奖通知，要求用户提交个人密码等资料，或者以其个人名义向你送出号码等礼品，借机骗取你的密码。当遇到这种情况的时候，一定要加以警惕，天上不会掉馅饼的，当出现中奖消息的时候，网民一定不要相信。更不能给对方汇钱。否则，就会造成严重的经济损失。

第八章　打造青少年绿色网络生活

一、如何建立青少年上网绿色通道

1. 学校应该做什么

学校应为青少年建立起一个"绿色网络通道"，为青少年开辟一片净土。网络的开放性对于自我约束力不足、极富好奇心和道德自律意识薄弱的青少年极具有诱惑力，而开放性所带来的有害信息的泛滥，是青少年网络道德行为失范的主要因素。因此，学校在建设校园网后，在努力丰富校园网资源的同时应积极做好防范措施，确保信息的安全性。比如，学校可以在网络服务器和学生电脑上安置防护软件，对不适合青少年观看的内容进行过滤阻拦。"网络保姆"是专门为青少年上网量身定制的一套网络内容安全软件，该软件具有特别的内容智能过滤功能，可以为青少年打开一个"绿色"的网络世界。色情信息是网络上的毒瘤，严重危害着网络的健康发展，伤害青少年身心方面的健康，它已成为诱发青少年犯罪的重要因素。

2. 来自警方的提示

（1）青少年应该主动寻找适当的网络反黄软件，最好是在电信骨干网上，能够对色情信息做出根本性拦截的软件。

绿色网络设计图

（2）将上网搜索变为家庭活动。青少年应主动选择优良的网站，尽可能将电脑放在客厅或家人一起活动的区域。

（3）父母要注意青少年的异常现象。例如电话账单或信用卡账单是否有异常的支出，青少年是否常深夜上网，而且沉湎于网络中。

（4）青少年应注意自己浏览的网站中，是否包含了暴力或色情的内容。

（5）发现网上色情违法犯罪行为时，青少年应立即举报，努力营造一个健康和谐的网络空间。

3. 青少年自己保持警惕性

在网络上，青少年无论觉得自己有多么了解对方，也不可以确信那个网友就是像你所了解的那样。同样，即使你非常相信对方，也绝对不要把自己的资料交给对方，更不要轻易和对方约定见面。

青少年受到侵害往往是由于警惕性不够高，自我保护意识不强，往往会在网上透露自己的姓名、地址和电话等真实情况。与网友会面要极其慎重，并采取相应的防护措施。遇到低级的网友，马上避开，不予理睬。"匿名交友网上多，切莫透露真信息。网上人品难区分，小心谨慎不会错。"这个警示告诉我们网上交友要注意：不要轻易说出自己的真实情况如姓名、住址、电话、学校等信息。

除了以上情况外，青少年还有许多事情需要保持高度警惕。面对生活中可能存在的不法侵害，如果作为一名青少年，警惕性不高，自我保护的意识不强，可能会使自己遭受损失，陷入困境。"害人之心不可有，防人之心不可无"，因此青少年保持高度警惕是避免侵害的前提。

总之，当代青少年作为"网上的一代"，网络将在青少年的生活中占有重要的地位，在青少年成长教育的过程中，家庭、学校、社会分别扮演着不同的角色，起着不同的作用，三者必须相互协调，共

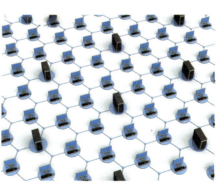

电脑网络示意图

同努力，防患于未然，共同关心和重视青少年的网德教育，使他们健康地学习和成长。

二、青少年如何安全地使用网络

　　某校五年级学生小张，经常使用电脑接发邮件。一天，小张准备给同学发邮件，打开自己的信箱以后，发现了一个奇特的电子邮件。邮件的名字是"好运在里面，等你拿大奖"。看见能拿大奖，小张高兴极了，着急地打开了文件。突然屏幕上出现了一个虫子，来回走动，他好奇地想看个究竟。一会儿虫子就布满了整个屏幕，最后致使整个电脑无法运行。小张重新启动计算机，可是计算机却无法运行。电脑里爸爸的许多珍贵资料也化为乌有，几千张家庭照片也毁掉了。小张这才知道是中了网络邮件炸弹的攻击，十分后悔。其实以前，爸爸就经常告诉他千万不能随意接受来历不明的邮件。小张的教训值得大家吸取。

1. 安装反病毒软件

　　加强防御，安装高级的防火墙，提高计算机抗击病毒的能力。病毒无孔不入，但也不要惊慌失措。俗话说"魔高一尺，道高一丈"，许多计算机专家在夜以继日地研究反病毒软件，很多换代产品的质量很好，阻击效能很高，大家可以到专卖店去购买，正确地安装到计算机上，以提高安全系数。

2. 提高警惕

　　信息时代给人们的通讯带来了真正意义上的便捷，让人在几秒钟之内就能与亲人、朋友互通信息。但在享受快乐的同时，大家要警惕邮箱里的"炸药包"。有些邪恶的"黑客"，制造计算机病毒的水平很高，为了达到破坏目的，往往把病毒用一个好听的名字伪装起来，或者隐藏在好看的画面里，以邮件的方式侵入到你的信箱里。带病毒的邮件伪装得非常巧妙，有时真的很难察觉，如果你鲁莽地打开信件，就会遭到攻击。所以要时刻提高警惕，不能麻痹大意，存有侥幸心理。

3. 不随意下载软件

下载软件，一定要选择正规的大网站下载。现在网站多如牛毛，不计其数，鱼目混珠，极其复杂。有的黑客网站专门搞恶作剧，以毁坏对方的计算机为乐，有的骗子网站以骗取钱财为目的，有的钓鱼网站先给你一点甜头，待你上钩后，再狠"宰"你一刀，要时刻警惕。需要下载软件时，不要登陆陌生网站，

绿色上网宣传

更不能轻易在可疑网站上下载软件，一定要到正规、信誉度高的大网站，或者专业网站上下载。这样才能杜绝一切危险的发生。

4. 虚心学习电脑技术

多请教专家和电脑高手。网络技术很复杂，青少年学生不一定能掌握很多，一知半解最容易出问题。遇到不明白的网络问题，可以请教专家和电脑高手，全面了解情况，以便心中有数。

三、如何控制青少年上网的时间

常女士是一位15岁男孩的母亲，她说儿子有段时间上网不到半夜12点、凌晨1点是不会上床睡觉的。她非常担心儿子的身体受不了，而且还会耽误学习，最害怕的就是青少年到不健康的网站去。

于是常女士和丈夫经过认真的商量后，就找儿子严肃地谈了几次，让他了解痴迷网络的危害，并告诉他要适度上网。同时，他们还对电脑进行了一些技术控制：设置了密码，使得儿子只能在他们允许的时间内上网；他们还通过"历史记录"经常了解青少年浏览了什么网站，浏览了多长时间等，发现问题及时指出，违规就要扣除一些上网时间以及零花钱作为惩罚。

通过这些办法，把儿子每天的上网时间控制在2个小时以内，上网时间定在每天的晚上7～9点这一时间段。一段时间后，儿子对网络的迷恋程度有所减轻。

青少年沉迷于网络游戏，三更半夜还听到厮杀声、枪炮声；有的青少年热衷上网聊天，写作业的时间却传来QQ的"滴滴"声。其实，家长并不反对青少年通过网络获得有益的

青少年玩电脑要有时间限制

知识，也不反对青少年学习累了时玩玩游戏，调节一下身心，但是决不允许青少年沉迷于聊天与游戏，不允许青少年登录暴力、

色情网站。家长需要对青少年上网情况进行适当地监督，严格控制青少年的上网时间。

每年寒暑假，很多青少年因为长时间上网导致视力显著下降，眼科专家提醒家长，上网、看电视、玩游戏的时间不宜过长，每天应该不超过2个小时，而且上网要不定时地起立眺望远处，使眼睛得到适当的休息。在此，我们不赞同一些父母的做法：面对青少年无节制地上网、不听劝说，父母大发脾气，撤掉网线或砸掉电脑，这样只会使青少年更逆反。

那么，家长如何把青少年每天的上网时间控制在2个小时之内呢？

无节制地上网导致青少年不能按时完成作业或者做他应做的家务，家长就要规定青少年上网的时间。由于青少年学业负担较重，适当地上网未尝不可，但时间应该控制在1～2个小时。父母可以和孩子坐下来进行平等地协商，然后制订上网时间表，贴在电脑显示屏或旁边的墙壁上，要求时间一到，孩子必须自觉关机。

当然，这种办法是针对自制力相对较强的青少年的。如果孩子有时候不那么自觉，父母应该及时提醒孩子按时关机。如果孩子置父母的提醒于不顾，依然我行我素地上网，那么父母就要"来狠的"了。

四、家用电脑放在哪儿有益于青少年成长

上初二的胡明英在学校听同学说网络是个奇妙的东西，不但可以上网查资料，还可以交网友、玩网游。强烈的好奇心促使胡明英要求爸爸给她买电脑，爸爸和妈妈商量了一下，觉得这个要

书房中的电脑

求不过分，于是就买了。电脑买回后，爸爸妈妈直接把电脑搬到胡明英的房间，装上了宽带，安上了摄像头。刚开始几天，胡明英在爸爸妈妈面前表现得很乖，可是两个月后，老师反映胡明英的作业好多次都没能按时交，学习成绩也下降了很多，于是爸爸妈妈开始注意女儿。

胡明英每天放学回家，就乖乖地待在房间里，说是做作业。其实是在上网聊天、浏览色情网站。听到爸爸妈妈敲门，马上把电脑的显示器关掉，然后装作学习的样子。有一次深夜，胡明英聊天入迷忘记了锁门，妈妈起来解手发现女儿的房间亮着灯，于是推门而入，发现她裸体坐在电脑前聊天。妈妈一气之下审问了她，她竟很平淡地说："这有什么了不起，我们同学经常裸聊。"于是她们吵了起来。

第二天胡明英的爸爸得知这一情况后非常生气，痛骂女儿不知廉耻，还扇了她几个耳光，胡明英一气之下离家出走。

或许胡明英的父母还在后悔当初不该给女儿买电脑，其实他们应该后悔自己把电脑放错了地方，应该后悔自己没有教育女儿文明上网、有节制地上网。

1. 青少年网络创办人尼格尔·威廉斯的观点

英国国际青少年网络的创办人尼格尔·威廉斯曾经慎重地向所有为人父母者提出忠告："把电脑安置在客厅里，而不是在青少年的房间或书房内。"

威廉斯认为，客厅是一家人都能轻松相聚的地方，因此，将电脑安置在客厅有助于家长注意青少年的上网情况。威廉斯指出，对青少年来说，网络是个美妙的资料库，如果正确地给予引导，青少年能从网络上学到许多东西。

2. 心理学家塔尼娅·拜伦的观点

电视台的心理学家、育儿专家塔尼娅·拜伦也在报告中建议，只要有可能，青少年应该在父母的视线之内使用电脑，这就意味着家庭电脑应该放在公用区，而不是青少年的卧室或者父母的书房里。

卧室中的电脑

要知道，把电脑放在青少年的卧室，基本上意味着家长对青少年上网情况失去了监管，青少年登录什么样的网站、浏览什么样的网页，父母对此难以知晓。网络上有许多"少儿不宜"的内容，例如暴力、色情内容，这些在很大程度上会影响青少年的健康成长。

此外，把电脑放在青少年的卧室就等于在青少年的房间放了一盒很有诱惑力的糖果，而且这盒糖果是吃不完的。青少年的自制力不强，难以约束自己的行为，于是他们总想着去尝尝糖果。一旦他们发现糖果味道很美，那么就可能上瘾。这样的结果就是青少年宁愿放弃晚上的睡眠时间也要玩电脑，到那时青少年的身

心健康、学习成绩将会面临严重问题。

相反，如果把电脑放在家中的公共区域，青少年上网的时候会有所顾忌。他们不会轻轻松松地浏览黄色网页，更不敢裸聊，而且也会适当地把握玩游戏、聊天的时间。更重要的是，青少年不能彻夜不眠地玩游戏，这是因为家长在家里走动对青少年来说是一种监督和压力，青少年不得不老老实实上网。

3. 教育专家孙云晓的观点

中国当代教育专家孙云晓建议家长，应该把电脑放在客厅等公共区域。特别是对于那些自制力很差的青少年，把电脑放在青少年的房间是非常错误的。这样青少年在上网的时候，就会有所节制、有所收敛。

对于学生而言学习才是最重要的

五、健康上网的关键是什么

无论面对什么样的障碍，青少年都需要意志力；无论做出什么样的选择，青少年都离不开内心的力量。其实，意志力并不具有不可改变的特性，也不是天生就有，这种能力是可以培养和发展的。同样，对于上网也是如此。健康上网需要青少年的自我约束力。如果青少年的自我约束力很差，也许就会被"网"住；如果青少年的自我约束力很强，那么，不仅可以远离网络带给自己的危害，还会让自己成为受益者。

1. 这名母亲为什么要给医生下跪

在北京一家医院成瘾治疗中心发生了这样的一幕，一位母亲，眼含热泪，对医生说："医生，只要您能把我孩子的网瘾治好，我就给您跪下了！"这位母亲姓李，家住南京，丈夫经商，自己也有一份很不错的工作，一家三口生活得非常幸福。儿子阳阳很聪明，学习成绩也很好，在画画方面还很有天赋。可是自从升入初中以后，阳阳的学习压力越来越大，心情也开始变得烦躁不安，于是他就选择用网络来减压。

慢慢地网吧就成了阳阳最常去的地方，学习成绩也是直线下滑。当父母发现这一情况后开始劝阻。开始阳阳还能听进去，可是过了没几天，他的网瘾就又犯了，而且变本加厉，于是父母就将他关在房间里。可是刚把他放出来，他就直奔网吧，最后还辍学了。

2. 青少年如何提高自我约束力

在网络面前，可能许多人的自我约束力会崩溃。上面案例中的阳阳正是因为缺乏自我约束力而染上网瘾的，好像在网络面前，青少年的自我约束力突然之间不起作用了一样。可是为什么还有一些青少年没有因此受到影响呢？看来，并不是网络的原因，主要在于青少年自己。想通了这一点，青少年就要想办法来提高自我约束力了。

（1）进行松弛训练。

青少年的生理及心理在紧张状态下自我约束力往往很弱，通常进行松弛训练，可以消除紧张。紧张状态往往会伴有心跳加速、呼吸急促、肌肉紧张等现象，松弛训练则可以使这些现象得到有效控制，从而得到生理反馈信息，使自身的心理状态得到控制和调节。

心跳训练法：将所有杂念排除，使自己的内心保持绝对安静。这时青少年可以将所有的注意力都集中在肚脐下三寸处，即丹田穴。这种训练既可以临场进行，也可以在紧张后进行，一般情况下都可以起到显著的效果。

呼吸训练法：当青少年在恐慌、激动、发怒的时候，不仅意识不到自己呼吸的急促，甚至连呼吸困难也察觉不到，也正是因为如此，导致紧张加剧。此时可以进行呼吸训练，如可以静坐或站立，使全身放松，并进行深呼吸，或者在慢慢行走时进行深呼吸等。

肌肉训练法：这种训练方法有助于克服紧张情绪，消除疲劳，甚至还可以治疗一些疾病。如果常常进行这样的放松训练，青少年就能够学会自我控制，变得从容、坦然。

（2）自我暗示和激励。

一个人的行动往往为意念所控制，因此青少年还可以通过自我暗示和自我激励的方式来提高自我约束力。积极的心理暗示会让青少年变得自信，从而自制力有所提高。不管青少年做什么事情都要靠自觉，这便是自我激励。自我激励也就是一个人给自己提出要求，当达到这个要求的时候奖励自己，自己指挥自己，做自己的司令员。比如可制订行之有效的计划，安排好可做可不做与必须做好的事情，再为自己制订出奖惩规定；可以用座右铭来勉励自己；可以用写日记的方式来进行自我监督；还可以采用口头命令的方式，身临危急或者是遇到困境的时候自己指挥自己，以此来获得精神力量。

如果你认为自己的约束力很差，不妨试一下上面所讲的方法，相信一定可以给你带来益处。

 六、如何根治青少年的网瘾

由于青少年面临着来自父母和学校双重的压力，没有足够的兴趣爱好，缺乏荣誉感、成就感等，这些东西在现实中不能够获取，而网络却为此提供了一条捷径。举个例子来说，如果长期在父母和学校的压力中生活，在

兴趣培训

现实生活中压力得不到释放，那么网络中个人谈吐的随意性，与网络游戏中的血腥对打则极易使青少年将自己心中的不满发泄出来。如果上网成瘾的青少年能够多和父母沟通，让父母了解自己的兴趣爱好，从而减轻施加给自己的压力，这样一来，青少年自然会对人生的美好充满向往，对现实产生足够的兴趣，减少上网的时间。因为既然有了梦想，就应该去奋斗。

1. 小咨的"熊猫眼"是怎么去掉的

小咨是一名六年级的学生，为了小咨的将来着想，父母早在小咨上三年级的时候就给他报了各种各样的培训班，希望小咨将来可以成为一名全面发展型的人才。和班上其他同学一样，小咨周一到周五上课，到了周末父母就要让他上培训班，所以小咨休息的时间很少。

有一次，小咨在与同学聊天时说自己很累，同学就告诉他上网可以减压。小咨晚上在父母睡着的时候就爬起来上网。时间一长，父母发现小咨白天经常顶着"熊猫眼"，以前可不这样啊。直到一天夜里，母亲发现小咨竟然在客厅里上网，于是就将这件事情告诉了丈夫。夫妻二人并没有因此训斥小咨，因为他们知道孩子的压力太大了。

周末，父母并没有让小咨去上培训班。三个人一起坐了下来，聊各种有趣的事情。父母问小咨的理想时，小咨告诉父母说自己喜欢游泳，希望将来能成为一名游泳健将。于是，父母就给小咨报了游泳班。情况果然发生了变化，自从小咨进了游泳班以后，除了上网查阅一些资料外，再也不花那么多时间上网了，有了心事还会告诉父母。

2. 培养孩子的兴趣爱好

不管一个人得的是什么病，治本是最好的办法。既然知道了青少年网瘾是由压力、没有足够的兴趣爱好以及缺乏荣誉感等问题引起的，那么解决问题自然要从这方面入手了。在减少青少年压力的同时，家长尽可能培养他们的兴趣爱好，增加荣誉感。如可以让他们融入大自然，陶冶情操，远离电脑，做一些健康的户外活动；如果喜欢体育，就可以多花一些时间在体育上面；如果喜欢文学，就可以多花一些时间在文学上面；如果想要竞选班干部，就要培养自己的竞争欲望。如果将大量的时间都放在这些事情上，怎么会有那么多时间去玩网络游戏呢？

在网络更为发达的美国，网瘾现象要轻一些，原因是什么？因为他们大多数人都喜欢篮球、棒球等体育活动。即便在放假期间，学生们也都选

多做户外运动

择打工赚学费，根本没有时间玩游戏。虽然说青少年的主要任务是学习，但是学习并不是他们人生的全部，兴趣爱好也是人生的一部分，它可以使人的实力得到提升。如果青少年只是死读书，将来也只能是一个高分低能的人。即便是玩网络游戏，如果给予他们适当的指导，将来也会有所发展，如长大后可做一名游戏研发人员，这也是成才的一种渠道。

其实，人们忽略了另一个重要因素，即上网成瘾的青少年对现实世界不感兴趣的原因。据报道，在美国，青少年大部分的课余时间都被一些丰富的活动占据了；社区和学校也常常组织各种形式的少儿体育运动；美国的父母多半会在青少年放寒暑假的时候选择休假来陪伴他们。良好的氛围和广泛的爱好会让青少年生活更丰富、更有趣。相比之下，网络虚拟世界的魅力也就大大降

低了，要想让青少年沉迷其中恐怕不是一件容易的事。

可见，如果想要让青少年从网络世界中摆脱出来，就要培养他们多方面的兴趣爱好，让他们感到现实生活远比网络世界丰富、有趣，这才是治疗网瘾的根本。

 七、适当玩网游有几大好处

不要以为所有的网上娱乐活动对青少年都是有害的，适当的休闲娱乐活动也是可以陶冶情操、开发智力的，只要家长控制得当，很多网络游戏都是可以让青少年畅玩其中的。而且，这些网络游戏的好处还远不止于此。

适当玩网络游戏，对青少年的正面影响大致有以下几个方面。

 1. 促进身心发展

在心智发展方面，游戏可以增加青少年的知识，激发想象力和创造力；在智力开发方面，很多游戏从设计到实施都有一定的难度和技巧，需要青少年去积极思考，这无疑对青少年的智力开发大有裨益；在个性形成方面，游戏可以给青少年提供与玩伴接触的机会，养成善于合作、互助、团结等性格或品质；在情绪调节方面，适当的游戏活动可以带给青少年快乐、愉悦的情绪；在身体素质方面，游戏提供了青少年运动的机会，可以促进青少年身体的健康发展。

 2. 提高交流技巧

适当玩网络游戏，还能提高交流技巧。在游戏里通过人与人之间的交流、合作达到自己的目的，提高人际交往的水平。

3．培养宽广的胸怀

网游里什么人都有，有好人也有坏人，人的年龄也有大有小，但游戏毕竟是游戏，任何事情都不值得去生气，即使有人对你做了特别不好的事情，你也要有宽广的胸怀，一

益智游戏可以适当玩

笑了之，能够拥抱敌人的人才是真正的胜者。在网络游戏里拥有了这种胸怀，你在真实的生活里面也可以拥有宽广的胸怀，做一个坦荡荡的人。

4．省钱

在学习之余，正处在花样年华的青少年都有自己的娱乐方式，比起到外面旅游、购物、唱歌、吃饭等，玩网络游戏真正用到的钱反而少了。想一想自己在玩网游的时候，是不是没怎么花钱？而没玩网游的时候，则会到处花钱。

5．为人处事干练

人在网络游戏里的环境待久了，会受气氛感染，做到为人豪放，处事勇敢，这也是网游给人带来的好处。

6．发泄不满

在生活中受到挫折，利用网络游戏中的怪物发泄心中的不满，使人心情舒畅。

7. 可以交朋友

通过在网游里的交流、多次"生死"的合作，很多人都有了感情，从而达到现实生活中无法实现的交往，这也是网络游戏带来的好处。

8. 吸取教训

在网络游戏中上当受骗，可以从中吸取教训，在现实中提高防范。

综合各方面的优点分析可以看出，游戏对青少年的确有着极大的价值。我们不仅不应忽视青少年的游戏，还要时时主动关心青少年游戏的内容，随时给予鼓励或指导，让青少年在游戏的过程中，快乐而自然地得到德、智、体、美、劳各方面的发展。

八、什么样的游戏才算是绿色游戏

梁先生给儿子买电脑的时候，和儿子达成协议：只能玩绿色游戏。起初儿子只在电脑上玩QQ游戏，比如下象棋、打台球、斗地主等。这些小游戏是梁先生和儿子公认的绿色游戏。

益智小游戏

有一天，梁先生发现儿子在玩"美女打麻将"游戏，这款游戏的规则是：如果玩家赢了，美女输了，那么美女就要脱衣服，一件一件地脱得裸露为止。儿子觉得这个很刺激，玩得很带劲。结果梁先生制止了他，说："你玩的这个游戏不是绿色游戏，必须禁止。"可是儿子不这么认为，他说："这个游戏是动漫的，而且即使美女输得再多，也不会脱光衣服，因此不算黄色。"于是父子两人争执起来。

什么样的游戏才叫绿色游戏呢？很多家长对此没有一个合理的判断标准，他们往往根据自己的固有思维来判断，这就难以让青少年信服。因此，家长应该了解权威的绿色游戏判断标准——网络协会制定的《绿色游戏推荐标准（草案）》，该标准设立了静态指标和动态指标共计12项指标，将游戏分为适合全年龄段、初中生年龄段、高中生年龄段、18岁以上年龄段和危险级5个等级。当然，这里也包括手机游戏。

1. 绿色游戏的5个静态指标

根据静态指标，从单机游戏和网络游戏研发出来之后作为独立游戏产品的角度出发，提出以下基本原则。

（1）暴力度。

游戏内容健康，没有过分暴力的战斗设计和明显的暴力场景。

轻度暴力，有少量的战斗过程和血腥场景，无对角色对象的明显暴力。

游戏内有严重的暴力现象，在战斗过程中出现将角色对象暴尸、尸体肢解等场景，游戏战斗极度血腥，允许玩家使用手法过分残忍、冷酷，违背人权层面的人性范畴，能对玩家产生暴力意识方面的影响。

（2）色情度。

基本无色情及关于性的描述，但鼓励出现有助于玩家正确理解"性"的或两性关系的内容。

游戏有关于两性关系的内容，但是没有直接描绘"性"的内容。对于"性"内容的涉及为科学的、艺术性的（如符合剧情发展需要，可深化故事剧情，但是无错误意识导向的亲吻、爱抚场景），对于玩家正确认识"性"有一定的帮助。

现在的游戏开放度都挺高

游戏内有明显的、有意的、非艺术的、非科学性的裸体或与性有关的身体接触。游戏内容有直接出现对两性关系的暗示、鼓励或含直接的色情内容。

（3）恐怖度。

无明显血腥、恐怖场景或角色形象设计。

轻微的血腥、恐怖场景或角色设计，有对违反社会科学规律的鬼神现象的描述，但是并不对玩家产生错误引导。

有严重的血腥场景、恐怖场景或角色形象设计。

（4）社会道德度。

游戏主题健康，无粗俗文字，游戏背景及意识形态方面不违背我国国情。游戏过程对玩家无生活态度及意识导向方面的影响。

主体虽以揭露批判为主，但有一定数量的粗俗文字，在游戏背景以及意识形态方面不能完全和我国国情相符合，可能对游戏玩家产生消极影响。

主题较为颓废，粗俗文字较多，在游戏背景以及意识形态方面有轻微的和我国国情相抵触的方面。游戏过程会对玩家产生一定不良影响，有可能使玩家在现实生活中的行为对社会造成不良后果。

（5）文化内涵度。

如果符合以下五项中任何一项则应该评定为3级：涉及毒品；虐待行为；赌博（与现实货币没有直接联系的则定为2级）；不良思想和言语；反社会行为。

目前游戏的内容背景都不尽如人意

游戏在历史、文化层面上进行了深度地发掘，能够让玩家在游戏的过程中体会到历史文化内涵，尤其是能体会到中华文明博大精深的文化内涵，具备一定的知识传递性。

特别说明，如果在文化层面的发掘上，对宗教内容的设计过多，或对政府不承认的宗教或邪教有一定的涉及，则需要重新对该游戏进行评测。

游戏内容有一定的深度，对所使用的题材能进行一定的深度发掘，能让玩家主动地去理解游戏的人文背景、世界观、世界体系，了解一款游戏的文化内涵等。

游戏内容及规则极为简单，只有简单的背景、简单的任务及简单的游戏内容。游戏以战斗为主，玩家无法从中体会到除了游戏的战斗外更多的内涵。

2．绿色游戏的动态指标

网络游戏的开发者将游戏开发出来，只能算是完成了游戏的一半，另一半要由运营商和参与游戏的每个玩家来完成。所以，评定一项游戏不仅仅要针对游戏产品本身，还要关注游戏运营公司的运营方法以及参与游戏的每个玩家自身的行为道德。这些都属于绿色游戏的动态指标内容。

动态指标共有7项，包括PK（砍人）行为、非法程序（外挂）、聊天系统的文明度、游戏内部社会体系的秩序、游戏形象宣传、游戏时间限制、社会责任感。动态指标评定较为复杂，这里不再详细论述。

业内人士表示，不管提倡绿色游戏还是游戏分级制度，都需要运营商从玩家切身利益出发，保证玩家在游戏中的各种权利，能够及时、合理地处理公司与玩家之间的矛盾。

九、网上银行可为你提供哪些服务

网上银行是信息时代孕育出的产物，人们在网上购物，离不开网上银行的帮助。现在很多青少年经常在网上买东西，但对于网上银行却不甚了解，现在我们就来看一下网上银行的庐山真面目吧。

信用卡促进了网上消费

网上银行的业务主要包括基本业务、网上投资、网上购物、个人理财、企业银行及其他的一些金融服务。

1. 基本业务

银行提供的基本网上银行服务包括：在线查询账户余额、交易记录，下载数据，转账和网上支付等。

2. 网上投资

由于金融服务市场发达，可以投资的金融产品种类繁多，国外的网上银行一般提供包括股票、期权、共同基金投资等多种金融产品服务。

3. 网上购物

银行的网上银行设立了网上购物协助服务，这大大方便了客户网上购物。

4. 个人理财助理

个人理财助理是国外网上银行重点发展的一项服务。各大银行将传统银行业务中的理财助理扩展到网上进行，通过网络为客户提供理财的各种解决方案，提供咨询建议，或者提供金融服务技术的援助，从而极大地方便了客户。

5. 企业银行

企业银行服务是网上银行服务中重要的组成部分。其服务品种比个人客户的服务品种更多，也更复杂，对相关技术的要求也更高，所以能否为企业提供网上银行服务是银行实力的象征之一，一般中小网上银行或纯网上银行只能部分提供，甚至完全不提供这方面的服务。

企业银行服务一般提供账户余额查询、交易记录查询、总账

户与分账户管理、转账、在线
支付各种费用、透支保护、储
蓄账户与支票账户资金自动划
拨、商业信用卡等服务。此
外，部分网上银行还为企业提
供网上贷款等业务。

网上支付

 6. 其他金融服务

大商业银行的网上银行一般会通过自身或与其他金融服务网
站联合的方式，为客户提供多种金融服务产品，如保险、抵押和
按揭等。

十、如何安全使用网上银行

目前，网上银行已越来越深入人们的日常生活，通过网上银
行，可以迅速办理查询、汇款、转账、外汇交易、基金买卖等各
种金融业务。

 1. 各银行的安全措施

网上银行的安全问题是很多人最为关注的焦点，目前各银
行的网上银行都具备符合标准的安全系统和措施，确保客户权益
能得到充分保障。比如交通银行的网上银行就采取了许多安全
防范措施，主要包括：附加码校验，以防止程序测试密码攻击；
卡卡转账时必须校验卡号、密码、姓名、身份证号、开卡日期或
CVV2码；当密码、姓名、身份证号、开卡日期或CVV2码等任
意要素累计输错3次时，就不能再次进行网上银行交易，必须到

银行柜台凭本人身份证办理解锁手续等。

2．个人应注意的安全问题

虽然网上银行的防范措施非常严密，但客户在使用网上银行时也须注意自身的安全防范。

（1）应熟记开户银行的网上银行网址，不要登录不熟悉的网上银行，输入自己的银行卡号和密码。

计算机病毒入侵警告

（2）应妥善保管自己的卡号、密码、身份证件号、开卡日期等资料，不要随手丢弃银行回单。

（3）不要使用连续数字、电话号码、生日等作为密码，设置的银行密码最好与证券等非银行密码相异。

（4）切忌向他人透露自己的银行卡密码。当致电开户银行客户服务热线时，如有需要银行工作人员会请客户通过电话按键输入查询密码以确认身份，这时切勿在电话中口头说出你的密码，银行工作人员也不会通过电话提出此类要求。

（5）在自己的计算机上安装防火墙和防病毒软件，并定期更新病毒库及检测病毒。

（6）定期更新操作系统和互联网浏览器。

（7）不要随意打开可疑电邮内含的超级链接或附件，不要浏览可疑网站。

（8）不要在网吧等公共场合使用网上银行。

（9）如果收到可疑电子邮件或电话，要求你提供客户资料，应避免任何操作，并立即通知开户银行。

（10）如有疑问，或想举报可疑的电子邮件信息等等，应及时与开户银行的客户服务中心联系。

十一、网上医疗有哪些优点与不足

正处在升学关键时期的乔晓伟，本来学习压力就大。最近又发现脚趾关节肿痛得厉害，去医院检查的结果是得了痛风，需要服用嘌呤仙碱来缓解症状。但是，服用了一段时间症状却没有减轻，这让乔晓伟心理开始犯了嘀咕：到底什么是"痛风"啊？

产生了困惑之后，乔晓伟就没有心思学习了。后来，他想到了到网上去寻求答案。为了了解有关"痛风"的病理和治疗方法，乔晓伟进入"医学百科"网站，输入"痛风"一词，屏幕上即显示出有关"痛风"的病理解释和病因。乔晓伟知道了高尿酸血症是痛风病发生的主要原因，而食物中的嘌呤含量过高是导致发病的主要诱因，还从网上了解到根据自己的状况以后要戒食哪些食物。照着做了之后，症状果然开始好转。这回乔晓伟心里可踏实了，终于又可以安心地学习，准备升学考试了。

现在，很多人都尝试过在网上进行医疗咨询这也是网络为我们带来的便捷服务中的一项。需要问药、求医或购买保健品不妨到网上医院寻求帮助。这样做，往往会获得令人惊喜的结果。

某保健站的工作人员李昕最近遇到一个十分罕见的病例，他需要查找医学文献，但是手头上的资料太少了，而且都是很多年前出版的，研究成果都比较老了。此时，李昕想起了互联网上的

"远程医学中心"，所以，他马上找到了这家网站，然后开始进行搜索，随后他在网站上贴了病例情况。并且注明请熟悉这类病情的专家给予帮助。在很短时间内，李昕就收到了几十份资料，而且还有医生的相关分析、意见以及建议。看到有这样的收获，李昕非常高兴。

几年前，一位山东姑娘身患怪病的消息引起了社会广泛关注。当时中科院高能物理所的专家整理了她的病历，通过在美国的海外华人学者和国际友人在网络电子公告栏上发布。在半个月内，就收到了500多封电子邮件，分别来自欧洲、美国、日本和澳大利亚等地。在邮件中，各国的医院和医学专家提供了诊断建议和类似病例的治疗方案，甚至有些医院还表示愿意免费收治她，这对她的病情的好转起了很大的作用。

事实证明，网上医疗咨询为很多患者带来了福音。除此之外，网上医疗还有很多优点。

首先，网上医疗咨询可以及时的解答你的健康问题，不会浪费时间，更不会浪费金钱。例如，在体检之后，如果对某几项体检结果感到疑惑，可以到一些医疗网站上咨询相关的医师，他们能帮助你解决大部分问题。

其次，网上医疗咨询服务是完全个性化的服务，对提问者具有严密的个人隐私保护。当出现健康问题，又不想到医院就诊，更不想让他人知道的时候，可以在网上咨询医生，这样不仅保密，而且也没有多少顾虑，还能详细了解一些情况。

正因为网上医疗有着如此多的优点，所以网上出现了很多相关网站。如在某网址收藏上点击"求医问药"板块，马上出现相关医疗网站，人们可以在这里咨询很多健康问题。

然而，当医疗网站数量不断增加的时候，随之而来的是很多

问题的产生。例如，某些
网站的页面上就提示说：
对于网友的提问，本网
站将邀请全国二十几个
大中城市的百余名专家
解答。那么这些医生确有
行医资格吗？又是通过什
么方式与网站合作的呢？
这些都无从考证。所以，
对于这种情况，很多人
说："网上求医问诊固然
方便，但众多网站良莠不
齐。看病不是小事情，

网上用药咨询要谨慎

稍有疏忽就可能造成严重后果，所以网上得来的诊断千万不能
轻信"。

作为青少年，当在网站上进行咨询的时候，一定要有自己的
判断力，千万不可人云亦云，而是找可信的网站，进行交流。一
定要避免上当受骗，更要防止被骗财物。